Indice

Cómo se llega a ser un genio

«Todas las mañanas, cuando despierto», ha escrito el pintor de «relojes blandos» y «girafas en llamas», «experimento un placer supremo: el de ser Salvador Dalí…» Catalán ávido de oro y de gloria, ha pintado mucho y hablado mucho. Su tema preferido: cómo se llega a ser un genio. La conclusión de todo ello: «¡Oh, Salvador, tú lo sabes ahora: si haces el papel de genio, llegarás a serlo!»

A los seis años quería ser cocinera, e insistía en el término femenino. A los siete, Napoleón I. «Desde entonces, mi ambición no ha cesado de crecer, lo mismo que mi delirio de grandeza: sólo quiero ser Dalí, y nadie más.» A esa edad pintó su primer cuadro. A los diez años descubrió a los impresionistas y a los catorce, a los llamados «triviales». En 1927, a los veinticuatro años, ya es Dalí y Federico García Lorca, su amigo de la infancia, le dedica una «Oda didáctica». Más tarde diría que Lorca suspiraba por él, y que había intentado sodomizarlo, sin conseguirlo. ¡Ese gusto por el escándalo! Sus padres le dieron el nombre de Salvador «porque estaba destinado a ser el salvador de la pintura, amenazada de muerte por el arte abstracto, el surrealismo académico, el dadaismo en general y todo los ‹ismos› anárquicos».

Si hubiera vivido en la época del Renacimiento, es probable que su genio hubiera sido mejor reconocido, considerado normal. Pero en nuestra época, que él tacha de «cretinizante», Dalí es una provocación permanente. Si hoy día es reconocido como uno de los grandes del arte moderno, al lado de Picasso, Matisse o Duchamp, si el gran público le ha brindado el aplauso, es difícil de comprender entonces la provocación que segrega a cada instante y se tiende a calificarle de «loco». Basta escuchar sus palabras: «La única diferencia que hay entre un loco y yo, es que un loco es un loco y yo no.» Y también tiene razón al afirmar: «La diferencia entre los surrealistas y yo, es que yo soy surrealista.» De la misma manera que el único impresionista, desde el comienzo hasta el fin de su obra, se llama Monet; los otros impresionistas se desviaron hacia el cubismo, el puntillismo o el fauvismo. Así también el único surrealista verdadero, el más constante, se llama Dalí. Aunque asegure que «las obras pictóricas de su espíritu están en perpetuo movimiento, y que posee la curiosidad universal de los hombres del Renacimiento».

En el prólogo al «Diario de un genio» (Journal d'un génie), el escritor Michel Déon escribe: «Uno cree conocer a Dalí porque ha decidido, con un valor extremo, ser un hombre público. Los periodistas tragan glotonamente todo lo que él ofrece, pero lo que más sorprende en él es su cordura campesina, como se manifiesta en la escena del joven que quiere ascender y le aconsejan que coma caviar y beba champán para no morir de hambre como un

Desnudo en un paisaje, 1922–23
Un desnudo muy «comestible», según los delirios comestibles catalanes, pero tratado al estilo puntillista.

Autorretrato, hacia 1921
El «señor patillas» (Salvador era nombrado así por sus patillas) y la visión impresionista del paisaje de Cadaqués, que aparece repetidamente a lo largo de toda su obra.

Retrato del violoncelista Ricardo Pichot,
1920
El joven Dalí emplea en esta ocasión el estilo
intimista de Bonnard y exhibe, además, su am-
plia paleta en este retrato de su vecino y amigo tocando el violoncelo.

Retrato del padre y la hermana del artista,
1925
La mirada del padre está cargada de reproche:
Salvador –que maneja con maestría el lápiz al
modo de Ingres– acaba de ser expulsado de la
Escuela de Bellas Artes de Madrid.

LAMINA PAGINA 9:
Retrato de mi padre, 1920–21
El respetable notario de Figueras, en toda su
dignidad, situado por Dalí ante su paisaje preferido.

jornalero. Pero lo más simpático que hay en Dalí son sus raíces y sus antenas. Raíces profundamente metidas en la tierra, que absorben todo lo ‹sucu-
lento› (una de sus tres palabras favoritas) que ha podido producir el hombre
en cuarenta siglos de pintura, de arquitectura y de escultura. Antenas que, di-
rigidas al futuro, ventean, prevén y comprenden con una rapidez vertiginosa.
Nunca se dirá bastante que Dalí es un espíritu de una curiosidad insaciable.
Todas las invenciones, todos los descubrimientos están plasmados en su
obra, apareciendo en una forma apenas transformada.» En una palabra, Dalí
(el público lo ha captado bien), es completamente representativo de su época, y ello no es posible sino haciendo de sí mismo una «estrella».

Pero Dalí es también catalán. Se las da de catalán y reivindica este privile-
gio. Nació, en efecto, en Figueras, provincia de Gerona, el 11 de Mayo de
1904. Más tarde celebrará este hecho a su manera: «¡Que suenen todas las
campanas! ¡Que el campesino inclinado sobre su tierra enderece su espalda
encorvada como un olivo batido por la tramontana, que apoye su mejilla en
el hueco de su mano callosa, en una noble actitud de meditación!… ¡Mirad!

A LA IZQUIERDA:
Retrato triple de García Lorca, realizado por
Dalí en el Café Oriente de Madrid, 1924

A LA DERECHA:
Retrato de Luis Buñuel, 1924

Salvador Dalí acaba de nacer… En una mañana semejante desembarcaron
los griegos y fenicios en los golfos de Rosas y Ampurias para preparar la cu-
na de la civilización y las sábanas limpias y teatrales de mi nacimiento, insta-
lándose en esta meseta del Ampurdán, el paisaje más concreto y objetivo del
mundo.»

   Las mayores obsesiones que atraviesa desde un principio la obra de Dalí
proceden directamente de su origen catalán. Se dice que los catalanes solamente creen en la existencia de las cosas que se pueden comer, oír, tocar,
oler y ver. Dalí no hacía un misterio de este atavismo materialista y culinario: «Sé lo que como; no sé lo que hago.» Mientras que el filósofo Francesc
Pujols, un compatriota frecuentemente citado por Dalí, compara la expan-
sión de la Iglesia católica con un puerco al que se ceba antes de matarlo para
comerlo, Dalí declara, dalinizando a San Agustín: «Cristo es como el queso,
mejor dicho, como montañas de quesos.» Este delirio comestible aparece regularmente en sus cuadros, ya se trate de los célebres «relojes blandos» (*La
persistencia de la memoria*, 1931, pág. 26), que salen de un sueño de camembert derretido (metafísica del tiempo que se come y come), de los innumera-
bles *Huevos al plato el sin plato*, 1932 (pág. 27) o del *Pan antropomorfo* –

Pan Catalán, 1932 (pág. 29), abarcando desde el *Teléfono-bogavante*, 1936 (pág. 39) hasta su tributo a la guerra civil española, que se atreve a titular *Construcción blanda con judías hervidas – Premonición de la guerra civil*, 1936 (pág. 47), por no citar más que algunos ejemplos típicos.

Este atavismo catalán no se muestra solamente en el delirio comestible, sino también, de forma visceral, en la presencia en sus cuadros de la meseta del Ampurdán, que es para él el más bello paisaje del mundo y el leitmotiv de sus primeras telas. La costa catalana de cabo de Creus a Estartit, con Ca-

Federico García Lorca y Salvador Dalí en Port Lligat, 1927. Fotografía: Ana María Dalí. Amigos desde la juventud y cómplices en los inicios...

Autorretrato con cuello de Rafael, 1920–21

Dalí en Port Lligat, hacia 1950
Este es el período impresionista de Dalí, que introduce aquí una referencia clásica, al citar a Rafael. Treinta años más tarde: Dalí ante el mismo paisaje de Port Lligat.

daqués en el centro y con su luz mediterránea tan particular, le sirve de decoración a los cuadros más célebres; las rocas batidas por los elementos son el origen de las excrecencias por las que tiene predilección: los objetos fósiles, osificaciones, antropomorfismos y otros *Espectro(s) del sex-appeal*, 1934 (pág. 32) que predominan en su obra y que aparecen de forma diversa en su obra, como *El enigma del deseo*, 1929 (pág. 23) o las diferentes arpas, invisibles o como objeto de meditación (pág. 33).

En sus primeras obras, apenas hay un cuadro, retrato o composición que no esté dominado por los paisajes de la costa catalana, con sus rocas de formas casi humanas en las que los personajes figuran como un eco. Del *Autorretrato*, hacia 1921 (pág. 6) al *Desnudo en un paisaje*, 1922–23 (pág. 7), del *Retrato de mi padre*, 1920–21 (pág. 9) al *Autorretrato con cuello de Rafael*, 1920–21 (pág. 11), pasando por la *Muchacha del Ampurdán*, 1926

Dalí y su hermana Ana María en Cadaqués, 1925–26

A LA DERECHA:
Figura en una ventana (Muchacha en la ventana), 1925

Muchacha del Ampurdán (La noia dels rulls), 1926
Estas espaldas que ponen de relieve el trasero femenino son las de Ana María o de una joven catalana, pero prefiguran ya la espalda y el trasero con los que sueña Dalí y de los que él se enamorará: los de Gala, a la que todavía no ha conocido.

(pág. 13), la bien plantada o *Venus y cupidillos*, 1925 (pág. 14). Todas estas pesadillas de Dalí, nótese bien, no son el fruto de una incoherencia congénita, sino que corresponden a hechos reales observados y retenidos por él. También los pianos de cola, que coloca sobre rocas o entre cipreses, y que no son solamente sueños, sino el recuerdo de cosas o sucesos que le han impresionado, ya que en aquella época, los Pichot, sus vecinos y amigos, todos artistas, organizaban recitales al aire libre, con Ricardo al violoncelo, María, cantando ópera, como contralto y Pepito, subido a una colina, al piano de cola... De ahí proceden las diversas evocaciones del piano en todas sus relaciones posibles, como en *Cráneo atmosférico sodomizando a un piano de cola*, 1934 (pág. 31), en medio de las rocas.

Con el bachillerato en el bolsillo, obtenido con alguna dificultad, Dalí convence a su padre, notario, para que le permita seguir los cursos de bellas artes en Madrid. La insistencia del hijo, el apoyo de su primer profesor, Núñez, y de los amigos Pichot, acaso también la muerte de la madre de Dalí en Barcelona, 1921, superaron las últimas reticencias paternas. Dalí se resiente profundamente de la muerte del ser que más quería en el mundo: «Tuve que

Venus y cupidillos, 1925
El período cubista y picassiano... pero siempre en primer plano la espalda femenina y el trasero en el paisaje habitual. Dalí, su hermana y su amigo, Federico García Lorca, tenían la costumbre de calificar de «pedazos de culo» a estos temas.

llegar a la gloria» –escribiría más tarde– «para vengar la afrenta que significó para mí la muerte de mi madre, a la que adoraba religiosamente.»

Pero los profesores le decepcionan. Se encuentran en la fase que él ya ha abandonado. Atiborrados de «novedades», no le enseñan el clasicismo que él busca. Frecuenta un círculo vanguardista, un cenáculo en el que pronto estará a la cabeza. En él están Pepín Bello, García Lorca, Luis Buñuel, Pedro Garfias, Eugenio Montes y Raphael Barradas. Lo mejor para Dalí, después de dos años de vida tumultuosa en compañía de sus amigos, es el ser expulsado de la Academia de San Fernando por haber incitado a los estudiantes a manifestarse contra la elección de un artista mediocre como nuevo profesor. Vuelto a Cadaqués, donde le llaman «señor Patillas» y donde se le reconoce

desde lejos, ya que trae los pinceles amarrados al cinto, pinta hasta cinco cuadros por día, entre ellos *Autorretrato con cuello de Rafael*, 1920–21 (pág. 11), que con su ejecución y su título rinde homenaje a su admirado predecesor. Su padre está profundamente preocupado. Se aprecia claramente en la expresión de su rostro, dibujado a lápiz por su hijo (*Retrato del padre y la hermana del artista*, 1925, pág. 8). La expulsión de la Academia trunca sus esperanzas de ver a su retoño hacer una carrera oficial. Pero es demasiado tarde, la escuela no significa nada para él: Salvador está a punto de convertirse en Dalí.

Como si se tratara de un juego, Dalí ha explorado todas las corrientes de moda: impresionismo, puntillismo, futurismo, cubismo y neocubismo, fauvismo, rindiendo homenaje, con maestría asombrosa, tanto a Picasso como a Matisse. En modo alguno niega las influencias de éstos. Le conducen hacia las imágenes que él está buscando para sí mismo. Las usa algunas semanas, para abandonarlas después, no reteniendo más que la lección para obtener una mayor seguridad, como se manifiesta por ejemplo en *Retrato de mi padre*, 1920–21 (pág. 9) o en *Figura en una ventana*, 1925 (pág. 12). En este último cuadro se observa ya la fascinación por el torso femenino y por su corolario, claramente señalado en *Muchacha del Ampurdán*, 1926 (pág. 13), y que se hallará más tarde en *Joven virgen autosodomizada*, 1954 (pág. 77), evocación evidente del principal mérito corporal que, a sus ojos, tenía su hermana Ana María.

Convencer a su padre de que sus estudios debían proseguir en París, no le resultó difícil: «Una vez en París», profetizaba Dalí, «me revestiré de poder.» Probablemente a comienzos del año 1927 pasa una semana en la capital francesa. Llega allí, precaución paterna, en compañía de su tía y de su hermana. Tres visitas importantes jalonan aquella primera estancia, según el propio Dalí: Versalles, el museo Grévin y Picasso. «Fui presentado a Picasso por Manuel Angeles Ortiz, un pintor cubista de Granada que había conocido a través de Lorca. Cuando llegué a la casa de Picasso, en la rue La Boétie, estaba tan impresionado y respetuoso como si me encontrara ante el Papa. – Vengo adonde usted antes que al Louvre, le dije. – No se ha equivocado usted, me contestó.»

ARRIBA A LA IZQUIERDA:
Figura en las rocas (Mujer durmiendo), 1926

ARRIBA A LA DERECHA:
Mujer en camisa acostada, dibujo preliminar para: *Mujer durmiendo*, hacia 1926

ABAJO:
Mujeres echadas en la arena (Figures ajagudes a la sorra), 1926

Aparato y mano, 1927

En aquella misma época, su amigo Luis Buñuel le explica la idea de una película que quería filmar, financiada por su madre: «Un perro andaluz» (Un chien andalou). A la manera de la escritura automática, que los surrealistas propagan, los dos compañeros encajan en la película sus propias fantasmagorías: Buñuel había visto una nube pasar delante de la luna, y después un ojo sajado por una navaja barbera. Dalí había soñado una mano invadida de hormigas, un *asno podrido* tal cual lo acababa de pintar (1928, pág. 18)… Una sola regla, muy simple –a la que Dalí se mantendría fiel en el futuro– había sido adoptada de común acuerdo: no aceptar ninguna idea, ninguna imagen, que pudiera dar lugar a una explicación racional, psicológica o cultural. Abrir la puerta a lo irracional. No aceptar más que las imágenes que sorprenden, sin preguntar el porqué. Esperando lanzar «Un perro andaluz» «como un puñetazo en pleno corazón del París intelectual, elegante y cultivado», y de abrirse así las puertas al grupo surrealista, Dalí busca en París a «la mu-

jer, elegante o no, que acepte prestarse a mis fantasías eróticas». En su libro
«La vida secreta de Salvador Dalí» (The Secret Life of Salvador Dalí) narra:
«Cuando llegué a París, se me ocurrió el título de una novela leída en España: ‹O César, o nada›. Tomé un taxi y le pregunté al chófer: ¿Conoce bue-
nos burdeles?› Yo no los vi todos, pero visité un número bastante impresio-
nante de ellos, de los cuales algunos me gustaron sobremanera... Si tuviese
que escoger los tres lugares del mundo que me han dejado la más profunda
impresión de misterio, diría que la escalinata del ‹Chabanais› es el más misterioso y el más feo lugar ‹erótico›; el teatro de Palladio en Vicenza, el más
misterioso y divino lugar estético, y la entrada a la tumba de los reyes de España en El Escorial, el más misterioso y el más bello lugar funerario del
mundo. Para mí, el erotismo tiene que ser siempre feo, lo estético divino y la
muerte bella.»

Estudio para: *La miel es más dulce que la*
sangre, 1926
Cuadros clave de la época en que Dalí afina
su vocabulario pictórico y da rienda suelta a
sus fantasmas.

El asno podrido, 1928
Prefiguración de una de las secuencias de la película,
rodada con Buñuel: «Un perro andaluz».

***El juego lúgubre**, 1929*
Los calzoncillos manchados de excremento del personaje de la derecha son los que
tanto perturbaron y escandalizaron a los surrealistas, para gran deleite de Dalí.

La prueba del amor

La fase de los «préstamos» artísticos, imprescindibles en todo principiante, toca a su fin. Dalí siente una fuerte inclinación a crear objetos cargados de símbolos sexuales de la época. Las obras que surgen ahora, como *La miel es más dulce que la sangre*, 1926 (pág. 17) o *El juego lúgubre*, 1929 (pág. 19), que muestra una figura con calzoncillos manchados de heces fecales, provocan el escándalo en Barcelona, al tiempo que los surrealistas comienzan a fijarse en él. Entretanto Dalí ha sobrepasado los veinte años de edad y sus obras evidencian ya una cierta madurez. Los cuadros de esa época contienen una especie de código genético de toda su obra venidera. Pese al escándalo que suscitan algunas de sus obras, los críticos catalanes se expresas en términos elogiosos, aguardando con interés la arremetida del nuevo ídolo contra la gran vecina, Francia. Uno de ellos escribe: «Rara vez se ha presentado un joven pintor con tanta seguridad como este Salvador Dalí, hijo de Figueras… Si dirige su mirada a Francia, es porque puede hacerlo… Qué más da si Dalí, para atizar el fuego, se sirve del lápicero de Ingres o del madero cubista de Picasso.»

La trampa daliniana funciona, y el grupo surrealista, atraído por la extravagante personalidad del catalán, así como por el carácter violento de sus obras, llenas de alusiones sexuales y escatológicas, toma nota de su existencia. Un comerciante de arte, Camille Goemans, le envía 3000 francos por tres cuadros que el propio artista puede escoger y le anuncia que expondrá toda su obra en una galería parisina. Pero ante todo, sobreviene el acontecimiento que transformará su existencia: la llegada del grupo surrealista, deseoso de «investigar» in situ, y al que pertenece René Magritte y su mujer, encabezados por Luis Buñuel, y sobre todo Paul Eluard… y su mujer, Gala.

Dalí se sentía adulado por la venida de Paul Eluard, cerebro pensante del movimiento surrealista con André Breton y Louis Aragon, con quien solamente se había encontrado brevemente el invierno pasado, en París. Dalí se pone inmediatamente a pintar su retrato, enriqueciéndolo con numerosas referencias que le son familiares, como la cabeza del león, hormigas, saltamontes, etc. (pág. 20). Pero la revelación esperada por él es la aparición de Gala. ¿No encarna ella precisamente a la mujer de sus sueños de infancia, qué le ha bautizado con el nombre mítico de Galutchka, y que ha personificado en múltiples jovencitas y adolescentes del tipo de la *Muchacha del Ampurdán*, 1926 (pág. 13)? La ha reconocido porque tiene el mismo torso desnudo: su anatomía es precisamente la de la mayoría de los personajes femeninos que ha representado en sus pinturas y en sus dibujos. La describe en su «Vida secreta»: «Su cuerpo tenía una complexión infantil, sus omóplatos y músculos

Gala y Dalí
La ruptura con la familia del notario y su unión indisoluble con Gala son consagrados por este fotomontaje, realizado por Dalí con una fotografía de Gala tomada por él y con un retrato suyo hecho por Buñuel y que lo muestra con la cabeza rapada.

***Retrato de Paul Eluard**, 1929*
Cuando Dalí comienza este retrato, Gala todavía es la esposa de Eluard. Cuando lo termina, ya no lo es.

El gran masturbador, 1929
Testimonio del primer encuentro con Gala y
del estado en que dejó a Dalí, es decir, entre
lo «blando» y lo «duro».

lumbares tenían la tensión un tanto brusca de los adolescentes. El hundimien-
to en la espalda, en cambio, era extremadamente femenino, y hacía una gra-
ciosa armonía con el torso enérgico y rotundo y el trasero escultural, que su
cintura de avispa hacía aún más apetitoso.»

Hay que decir que Dalí sólo había tenido una estrecha amistad con García
Lorca, una amistad que sin duda se había acrecentado con el tiempo, y no
hay duda alguna de que uno había encontrado en el otro una pasión por los
descubrimientos estéticos acorde con sus propios deseos. Dalí concibe el
pensamiento poético de su «amante» como un eco de su propia búsqueda. Y
aquella amistad había cedido el paso a una pasión amorosa del poeta granadi-
no, que llenó de confusión al pintor, llegando a escribir más tarde, en «Las
pasiones según Dalí»: «Cuando García Lorca quería poseerme, yo lo rehusa-
ba horrorizado.» Conocido el arte fabulador de Dalí, jamás llegará a saberse
lo que pasó realmente entre ambos jóvenes. Queda solamente la certeza de
que en aquel tiempo, Dalí solamente había tenido experiencias pasajeras con
las mujeres, muy por debajo de su imaginación, de la que su obra se nutre
generosamente. Siempre afirmó estar virgen hasta conocer a Gala.

La locura más grande preside este encuentro histórico. Dalí se encuentra
en tal estado de exaltación constante, que cada vez que quiere hablarle a
Gala, le da un ataque de risa. Cada vez que ella se va, apenas se vuelve de
espaldas, él se revuelca por el suelo de risa.

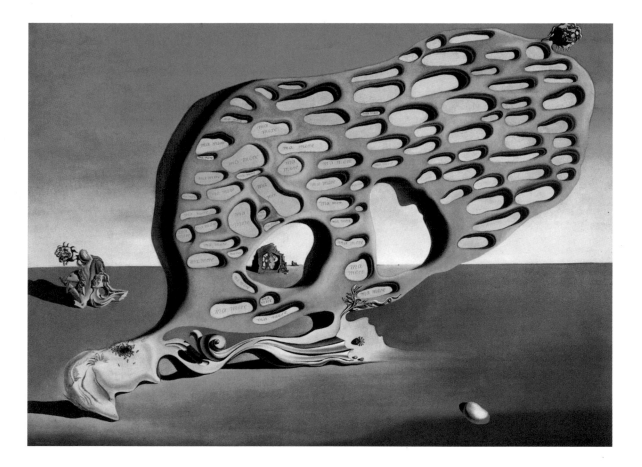

El enigma del deseo – Mi madre, mi madre, mi madre, 1929
Un homenaje por excelencia a su madre quien, por otro lado, jamás aparece en su obra y que toma aquí el aspecto de una matriz monstruosa, semejante a las rocas erosionadas por el agua y el viento, que son otros de sus amores y fuente de inspiración fantasmagórica.

Su cuadro *El juego lúgubre*, 1929 (pág. 19), con los calzoncillos manchados de heces, conmocionó de tal modo a los surrealistas, que se llegaron a preguntar si el pintor sería un coprófago. A decir verdad, los surrealistas se habían cegado con aquel detalle escatológico, mientras que para Dalí, los calzoncillos embadurnados no eran más que un elemento entre otros destinado a suscitar el escándalo, con lo cual había cumplido perfectamente su cometido. Pero la tela sintetizaba sobre todo las fobias de Dalí, presentando temas típicamente dalinianos: el saltamontes, el león, el guijarro, el caracol, los labios de la vulva, etc. Además explica magistralmente el «carácter biológico elemental» de su obra futura.

Gala decide poner fin a la duda y propone a Dalí un encuentro. Después de pasear por las rocas, el pintor consigue dominar la risa. Pero duda: «Si le confieso que soy coprófago… me haría aún más fenomenal e interesante.» Dalí prefiere decir la verdad: «Le juro que no soy coprófago. Me horroriza tanto como a usted ese género de aberración. Pero considero los elementos escatológicos como elementos de choque, lo mismo que la sangre o mi fobia contra los saltamontes.» Lo más difícil para Dalí es confesarle su amor, entre dos risas nerviosas. No es cosa fácil, ya que Helena Devulina Diakanoff, alias Gala, hija de un funcionario de Moscú, tiene además de un encanto fascinador, una seguridad que no deja de impresionar al joven Salvador. Ese cuerpo tan próximo al suyo, tan real, le hace enmudecer. «Las victorias tie-

La adecuación del deseo, 1929
Dalí pinta aquí la forma que adquieren, en su imaginación, las inhibiciones de las que Gala lo está curando.

LAMINA PAGINA 25:
El hombre invisible, 1929
Dalí consideraba este lienzo inconcluso como el «fetiche paranoico», protector de Gala y de sí mismo. En suma, lo contrario de Guillermo Tell. Esta es también la primera de las imágenes dobles que pintará hasta el final.

nen también el rostro ensombrecido por el mal humor. Mejor no tocar», narra Dalí. «Sin embargo yo quería tocarla, rodear su cintura cuando Gala me tomó de la mano. Era el momento de reír, y yo me reí con una nerviosidad tan violenta, que en aquel preciso momento tuvo que ser aún más ofensiva para ella. Pero en lugar de sentirse herida por mi risa, Gala se regocijó. Con un esfuerzo sobrehumano, me apretó la mano, en vez de dejarla caer llena de desprecio, como hubiera hecho cualquier otra mujer en una situación semejante. Su intuición de medium le había hecho comprender el sentido exacto de mi risa, tan incomprensible para los otros. Mi risa no era ‹alegre›, como la de todo el mundo. No había en ella escepticismo o frivolidad, sino fanatismo, cataclismo, abismo y terror. Era la más horrorosa, la más catastrófica de todas las risas, se lo había dado a entender, y con esa actitud me arrojé a sus pies. –‹Mon petit›, me dijo, ‹nunca más nos separaremos.›»

El propio Dalí nos da la clave histórica y freudiana de este amor que dominará toda su obra y que sólo se interrumpirá con la muerte: «Ella será mi Gradiva (‹la que avanza›), mi victoria, mi mujer. Pero para ello sería necesario que me curase. Ella me ha curado, gracias a la fuerza indomable e insondable de su amor, cuya profundidad de pensamiento y facultad práctica superan los más ambiciosos métodos psicoanalíticos.» Dalí acababa de leer «Gradiva», una novela de Jensen interpretado por Sigmund Freud (El delirio y los sueños; Der Wahn und die Träume), en el que la protagonista, Gradiva, logra la curación psicológica del héroe. «Me encontraba», explica Dalí, «an-

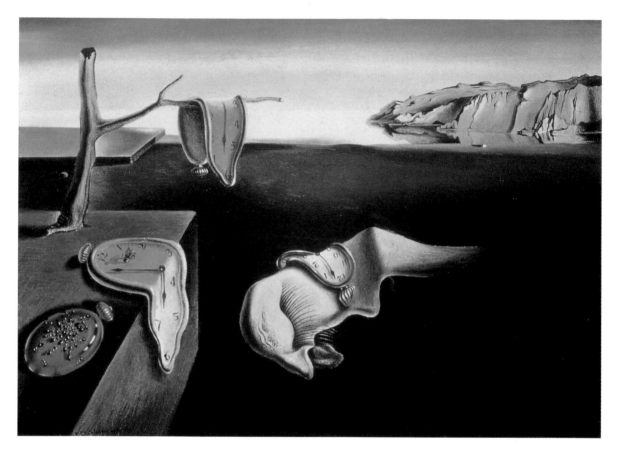

La persistencia de la memoria, 1931
Los famosos «relojes blandos», nacidos del
sueño de un camembert derritiéndose…

te la gran prueba de mi vida, la prueba del amor.» Esta prueba, *La adecuación del deseo*, 1929 (pág. 24), da una idea en la que los deseos son represen-
tados por terroríficas cabezas de leones. Temblando, Dalí pregunta a Gala:
«¿Qué quieres que haga por ti?» y Gala responde, con el rostro demudado,
dura y tiránica: «Quiero que me mates» – «¿Y si la arrojo desde la torre de
la catedral de Toledo?», se pregunta Dalí. Pero Gala se anticipa, es más fuerte: «Gala me salvó del crimen y curó mi locura. ¡Gracias! Quiero amarte.
Me casaré contigo… Mis síntomas histéricos desaparecieron uno tras otro,
como por encantamiento, y volví a ser dueño de mi sonrisa, de mi risa, de
mis gestos. En mi cabeza brotó una nueva santidad, como una rosa.»

Después de acompañar a Gala a la estación de Figueras, donde ella debía
tomar el tren de regreso a París, Dalí se encierra de nuevo en su estudio para
concluir el retrato para el que Paul Eluard (pág. 20) había posado. Bajo el
sol de Cataluña, en la luz familiar de Cadaqués, es donde Dalí mejor se encuentra. Sin haber tomado todavía un contacto real con los surrealistas, siente que se opera un profundo cambio en sí mismo. Utilizando con una facili-
dad diabólica, con un dominio magistral todas las técnicas aprendidas, pinta
ahora «fotografías de *trompe-l'œil*», convirtiéndose así, con un cuarto de siglo de anticipación, en el santo patrón de los hiperrealistas norteamericanos.

Huevos al plato sin el plato, 1932
El huevo «blando», un tema apreciado por Dalí, quien lo asigna a las imágenes prenatales y al universo intrauterino.

Pero esa precisión fotográfica pintada a mano la utiliza para transcribir imágenes de sueños. Tal representación será una de las constantes en su obra, y sus primeros intentos en ese sentido pueden considerarse un prefacio a sus cuadros surrealistas.

En 1973, cuando ya había calibrado mejor sus definiciones, dirá todavía que su pintura no es otra cosa que «fotografías en color, pintadas a mano, de imágenes superfinas y extrapictóricas de la irracionalidad concreta.» En esa línea emprende un gran cuadro que habría de hacerse célebre. Se trata de *El gran masturbador*, 1929 (pág. 22), sacado de un cromo suyo representando a una mujer oliendo un lirio. Bajo el pincel de Dalí, el cromo adquiere un sentido totalmente distinto, que al mismo tiempo se mezcla con el recuerdo todavía fresco de su memorable encuentro con Gala en Cadaqués, en el verano, en las rocas del cabo de Creus. «Representa», explica él mismo, «una gran cabeza, lívida y como de cera, con mejillas rosadas y largas pestañas; la inmensa nariz se apoya en tierra. La boca ha sido reemplazada por un saltamontes, cuyo vientre en descomposición está atiborrado de hormigas. La cabeza está acabada en la ornamentación del estilo 1900.» Se trata de una especie de autorretrato «blando»; Dalí tiene toda una teoría sobre lo «blando» y lo «duro», fundamento de su estética, que se resume en la fórmula: «vida

La vejez de Guillermo Tell, 1931

Dibujo erótico, 1931

Sin título – Dibujo erótico, 1931
Guillermo Tell es la imagen del padre que expulsa a la pareja Salvador-Gala. Pero el erotismo se apodera de Dalí y triunfa en ese drama, como lo atestiguan los dibujos de esa época. Ironía del destino: con el dinero recibido por este lienzo, Dalí compra la casa de pescadores en Cadaqués y con ella su independencia.

perfecta de la morfología degenerada» – representando visiblemente fragmentadas, blandas como una porción de tabaco de mascar, hormigas y una araña zancuda que corren por la cara. Pero esta impresión de sufrimiento tiene su explicación en el rostro de la mujer, en el momento de una fellatio: con Gala había conocido el éxtasis.

Aunque Dalí asegura ser «to-tal-men-te im-po-ten-te», aparece en algunos cuadros en su mejor forma. Basta contemplar bajo ese punto de vista el *Cráneo atmosférico sodomizando a un piano de cola*, 1934 (pág. 31) para apreciar mejor el cuadro. Para Dalí un piano, sea o no de cola, es algo femenino, y «los músicos son cretinos, incluso cretinos super-gelatinosos». Un tercer cuadro completa la significación del funcionamiento sexual daliniano: *El arpa invisible, fina y media*, 1932 (pág. 32), pintado directamente de una foto tomada por el pintor en Port Lligat, en la que se ve a Gala vista por detrás, con las nalgas al aire, mientras la «cabeza brotando eréctil» del personaje, sostenida por una muleta, parece como después de un coito. Dura y blanda a la vez, representa el instinto sexual, idealizado y sublimado por el arte. La muleta y el monstruoso desarrollo de la sexualidad idealizada y de la inteligencia imaginativa hinchada de savia son, al mismo tiempo, símbolos de muerte y resurrección, como el acto de amor que renace de sus cenizas para llegar al infinito. En *Meditación sobre el arpa*, 1932–34 (pág. 33), la muleta es imagen de la realidad, la fijación al suelo de lo real, que mantiene en equilibrio el desarrollo monstruoso de la sexualidad. Es además símbolo de la tradición que mantiene vigentes los valores humanos esenciales, a través de las reacciones individuales o las revoluciones colectivas.

En el período que marca la aparición de Gala y el comienzo de su reinado, se aprecian las mutaciones sexuales que operan en la vida de Dalí y que se manifiestan en sus cuadros, tanto en la oposición de «blando» y «duro» como en su complementaridad. Los ejemplos abundan y constituyen un verdadero florilegio que no prescinde del omnipresente atavismo culinario catalán. Así por ejemplo, en *Huevos al plato sin el plato*, 1932 (pág. 27), tema recurrente en Dalí, lo asocia a imágenes prenatales y al universo intrauterino; en *La persistencia de la memoria*, 1931 (pág. 26) o en *Pan an-*

tropomorfo, también llamado *Pan Catalán*, 1932 (pág. 29) con su aspecto agresivamente fálico que es amenazado por el tiempo (reloj blanco) de recaer en hembra.

El enigma del deseo, 1929 (pág. 23) forma también parte del episodio legendario de su encuentro con Gala. Fue, por cierto, la primera obra vendida por la galería Goemans. El vizconde de Noailles, que con el tiempo se convertiría en un incondicional de Dalí y en uno de sus principales coleccionistas, lo compró juntamente con *El juego lúgubre*, 1929 (pág. 19). En el apéndice barroco que prolonga el rostro se reconoce la estructura geológica de las rocas del cabo de Creus, erosionadas por el viento e influenciadas por la arquitectura fantástica de Antoni Gaudí, «este gótico mediterráneo» que Dalí admira desde su infancia.

En vez de asistir a la inauguración de su primera exposición en París, en 1929, Dalí secuestra a Gala. Locos de amor el uno por el otro, abandonan la

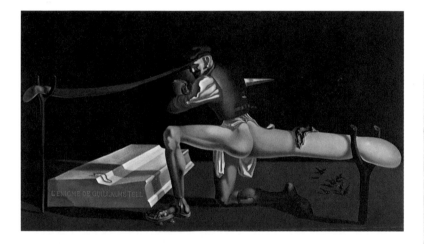

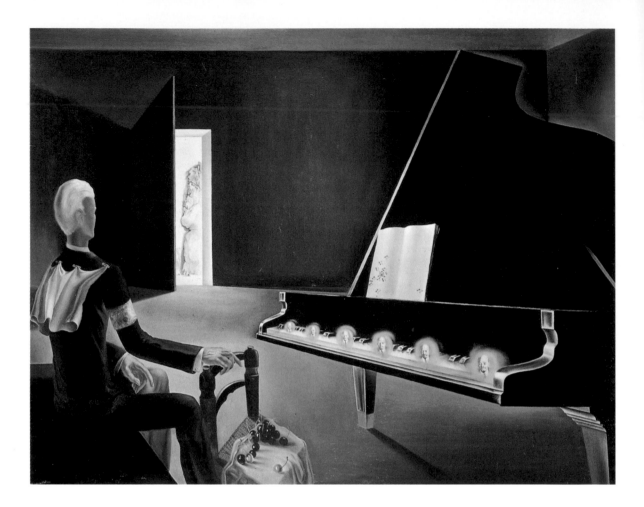

Alucinación parcial. Seis apariciones de
Lenin sobre un piano, 1931
Según Dalí, se trata de una «imagen hipnagógica» cuyo proceso describe de la manera siguiente: «... a la hora de acostarme, veo el te-
clado azulado, reluciente de un piano cuya
perspectiva me ofrece una serie de pequeñas
aureolas amarillas y fosforescentes en torno al
rostro de Lenin.»

capital francesa dos días antes de la inauguración, llegando a Barcelona y
después a Sitges, balneario pequeño situado unos kilómetros al sur de la me-
trópoli catalana. Antes de la partida, asisten a la proyección de «Un perro andaluz», que Buñuel ha acabado por fin de montar y que contribuirá a cimen-
tar la reputación de estos dos cómplices. Eugenio Montes califica de película
de «hito en la historia del cine, un hito marcado con sangre, tal como Nietzsche deseaba y como España había hecho siempre». Dalí, por su parte, observa en su «Vida secreta»: «La película obtuvo el resultado que esperaba: ani-
quiló en una sola tarde diez años de vanguardismo pseudointelectual de la
posguerra. Esa cosa inmunda que llaman arte abstracto o no figurativo, caía
a nuestros pies herido de muerte, para no volverse a levantar, después de haber visto, al comienzo de la película, el ojo de una joven sajado por una navaja barbera. En Europa ya no había lugar para los rombitos maniáticos del
señor Mondrian.»

Pero sobre aquel idilio se cernían nubarrones amenazantes. La luna de
miel, que los tiene centrados exclusivamente en sus cuerpos... Dalí tiene
que dejar a Gala, «el timonel vigilante que sostiene el timón de nuestra vida»; primero para recoger el dinero que les debe Goemans: casi todos los

Cráneo atmosférico sodomizando a un piano de cola, 1934

Dalí: «La obsesión de que las mandíbulas son el instrumento filosófico más eficaz que posee el hombre. El lirismo del piano está poseído brutalmente por las mandíbulas del cráneo fosil. Esta visión es un producto retiniano. Habiendo tenido lugar durante la siesta, esta imagen hipnagógica precedente al sueño es lo contrario de aquellas que resultan de los efectos de la mezcalina que nunca puede reproducir recuerdos instantáneos.»

cuadros se han vendido, a precios que oscilan entre los 6000 y los 12 000 francos. Pero sobre todo para enfrentarse a la tormenta que acaba de estallar en su casa de Figueras. Durante mucho tiempo, Dalí mantuvo en secreto, sin duda por respeto a su padre, los motivos que condujeron a la ruptura con su familia. El cuadro *El enigma de Guillermo Tell*, 1933 (pág. 29), cuyo significado explicó más tarde, ofrece una primera indicación. Se trataba, como siempre en el caso de Dalí, de una estructura perfecta: «Guillermo Tell es mi padre y yo el niño que lleva en brazos, y que en lugar de una manzana, lleva una chuleta cruda sobre la cabeza. Quiere comerme. Al lado de su pie hay una nuez con un niño pequeño que es la imagen de Gala, mi mujer. Está constantemente amenazada por ese pie; si éste se mueve, aunque sólo sea un poco, puede aplastar la nuez.» Con este cuadro, Dalí salda cuentas con su padre, que le expulsó de casa por vivir con una mujer divorciada (la ex-mujer de Paul Eluard). Pero en Dalí no hay nada simple y, en esta ocasión, confunde intencionadamente el rostro de Guillermo Tell con el de Lenin, con el único objeto de despertar la furia de los surrealistas. Y en efecto, consiguió su propósito cuando, al exponer su cuadro en el «Salon des Indépendants», en 1934, Bréton montó en cólera, considerándolo «un acto antirrevoluciona-

A LA IZQUIERDA:
El arpa invisible, fina y media, 1932

A LA DERECHA:
El espectro del sex-appeal, 1934
Titulado también *Espectro de la líbido*. Ante
este «monstruo», Salvador se siente minúscu-
lo, como el niño pequeño vestido de marinero
que lo representa en este cuadro. En una mano
sostiene, para que nadie lo ignore, un aro, símbolo femenino, y en la otra un fémur claramente fálico.

rio», un crimen de lesa majestad contra el líder del partido bolchevique. El
papa del surrealismo y sus amigos intentaron incluso destruir el cuadro, pero
éste estaba colgado tan alto, que escapó a su vandalismo.

La otra razón de la ruptura con su padre procede sin duda de un acto surrealista destinado a sorprender a los miembros del grupo. Durante su corta
estancia en París, en el mes de noviembre, Dalí había mostrado a los surrealistas un cromo del Santo Sulpicio, comprado en la rambla de Figueras y que
es una estampa del Sagrado Corazón, sobre la que había escrito «a veces me
complace escupir sobre el retrato de mi madre». El crítico de arte español
Eugenio d'Ors se refirió a este gesto sacrílego en un artículo publicado en
un diario barcelonés. El padre de Dalí, indignado por lo que consideraba un
insulto a la memoria de la esposa fallecida y la madre adorada, jamás le per-
donó aquel acto vergonzoso. «Se puede blasfemar en sueños contra los seres

querridos en vida, y soñar que se ha escupido a la propia madre», se justificaba Dalí. «En muchas religiones, el acto de escupir tiene un carácter sagrado.» Pero era difícil que un notario de Figueras, por muy abierto de espíritu que fuera, pudiese aceptar semejante explicación.

Su padre decía a todo el mundo: «No os preocupéis, no tiene ningún sentido práctico, y ni siquiera es capaz de pagar una entrada para el cine. Dentro de una semana estará otra vez en Figueras, cubierto de piojos, para pedirme perdón.» Pero en lugar de piojos, Dalí aparecería más tarde cubierto de laureles, vencedor de su padre y convertido en héroe. En el «Diario de un genio», Dalí cita la definición de Freud: «Héroe es aquél que se rebela contra la autoridad paterna y la doblega.» Pese a la admiración que profesaba a su padre por la gran humanidad que emanaba de su persona, Dalí tenía que consumar la ruptura, volver la espalda a la adolescencia. Pero como sólo amaba su pue-

ARRIBA:
Atavismo del crepúsculo (obsesiones),
1933–34

Jean François Millet:
El Angelus, 1859

blo encalado, inundado de sol, y se negaba a contemplar cualquier otro paisaje, necesitaba volver allí lo antes posible. En Port Lligat («puerto atado con un nudo»), una resguardada bahía cerca de Cadaqués, compró la más pobre y destartalada de todas las barracas, pagándola –ironía del destino– con el producto de la venta de *La vejez de Guillermo Tell*, 1931 (pág. 28). Éste representa otra imagen del padre, expulsando esta vez a la pareja Salvador-Gala, una alusión a la ruptura con la familia y al inicio de un largo relato amoroso que ilustrará en lo sucesivo en sus cuadros, pintando «mitológicamente nuestra vida».

Cuando supo que se había consumado lo irremediable, que había sido expulsado definitivamente de la morada paterna, su reacción fue cortarse el pelo, como cubriéndose la cabeza de ceniza. Símbolo de aquel acontecimiento fue el montaje fotográfico, completado con un dibujo en tinta china (pág. 21) que Dalí preparó para el frontispicio de su obra «El amor y la memoria» (L'amour et la mémoire), publicada en Editions surréalistes de París, en 1931. En esta obra se encuentra su retrato con la cabeza rapada, fotografiado por Buñuel en 1929 y una fotografía de Gala hecha por Dalí en 1931: «No contento con eso, me rapé la cabeza y después enterré la cabellera sacrificada con las conchas vacías de los erizos de mar que había comido al medio-

día. Después subí a una de las colinas de Cadaqués, desde donde dominaba todo el pueblo, y pasé dos horas largas contemplando el paisaje de mi infancia, adolescencia y madurez.»

A diferencia de Maillol, Miró o Picasso, que estuvieron exiliados, Port Lligat será siempre para Dalí un lugar de refugio, pese a que lo describe como «uno de los lugares más áridos de la tierra. Las mañanas son allí de una jovialidad salvaje y áspera, las tardes de una mórbida melancolía.» Por eso se comprende que dicho paisaje aparezca una y otra vez, de forma dolorosa, en sus cuadros. Por ejemplo, en el titulado *El devenir geológico*, 1933 (pág. 37), que representa un caballo solitario montado por calaveras «a punto de transformarse en roca en medio del desierto», o su obsesión por *El Angelus*, 1859 (pág. 34) de Millet, que Dalí pinta sucesivamente en una forma «arquitectónica» (pág. 36), como evocación de un cierto *Atavismo del crepúsculo*, 1933–34 (pág. 34), o bajo el título *Reminiscencia arqueológica*, 1935 (pág. 35). Puesto que, como Dalí lo explica: «En una breve fantasía, a la que me entregué durante una excursión al cabo de Creus, cuyo paisaje mineral (al nordeste de Cataluña) es un verdadero delirio geológico, me imaginé, talladas en las rocas más altas, las esculturas de los dos personajes del *Angelus* de Millet. Su situación espacial era la misma que en el cuadro, pero estaban

ARRIBA:
Reminiscencia arqueológica del «Angelus» de Millet, 1935

Homenaje a Millet (Estudio para: ***La estación de Perpiñán***), 1965
Homenajes a Millet, nacidos de la observación de un calendario postal colgado de la pared de la clase y desarrollados después de contemplar las rocas del cabo Creus.

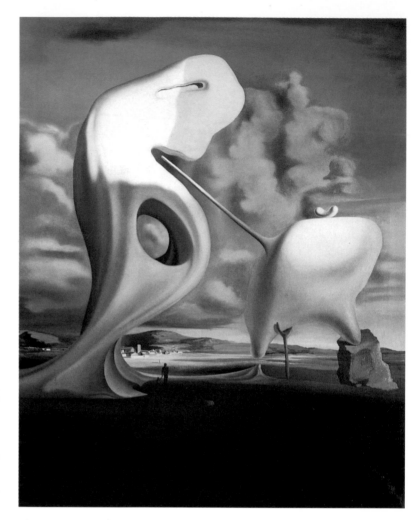

El «Angelus» arquitectónico de Millet, 1933
El mito trágico del *Angelus* de Millet forma
parte de los fantasmas profundos de Dalí. Una
radiografía del lienzo de Millet que revela una
forma geométrica en el suelo, entre los dos
personajes, confirma la interpretación de Dalí
según la cual se trataba del ataúd de su hijo
muerto. La mujer, aparentemente sumisa, se
encuentra, según él, en una posición precedente al acto de la agresión, como la mantis religiosa antes de la copulación. La carretilla, femenina, es, en numerosas representaciones po-
pulares, expresión de erotismo campesino.

LAMINA PAGINA 37:
El devenir geológico, 1933
El *Angelus* o un caballo se fosilizan para ase-
mejarse a las rocas.

totalmente cubiertos de fisuras. Muchos detalles de las dos figuras habían sido borrados por la erosión, lo que contribuía a atribuirles un origen muy re-
moto, contemporáneo al mismo origen de las rocas. El paso del tiempo había
deformado la figura del hombre, del que solamente quedaban el bloque vago
e informe de la silueta, una silueta terrible y particularmente angustiosa».

Cuando el dinero se fue agotando, por la quiebra de la galería Goemans o
porque el vizconde de Noailles, su mecenas habitual, se había aficionado en
demasía al arte abstracto, los Dalí se refugiaron en Cadaqués, dejando tras sí
«un París que hervía como la marmita de una bruja». Durante su corta estancia en la ciudad luz, Dalí no descuida jamás arrojar algunos manjares para
que cocieran en su ausencia. Es lo que él llama «consignas ideológicas».

Antes de convertirse en «Avida Dollars», según el anagrama de Breton, toda su riqueza es Gala; ella le sigue a todas partes, lo defiende, lo protege de
los demás y de sí mismo. El no puede concebir que en su «propia habitación
se encuentre una mujer de verdad, con pechos, cabellos y encías. Esa idea
me parece tan seductora, que es difícil creer en su realización material.»

El triunfo de Avida Dollars

«En París ganaremos el dinero necesario para acabar la casa de Port Lligat»... Dalí se había propuesto «hacer llover el oro del cielo». Como la venta de sus cuadros tropieza con la «masonería del arte moderno», acumula ideas que otros realizan sin contar con él: uñas artificiales con espejitos para mirarse; maniquíes transparentes con el cuerpo lleno de agua, donde nadan peces simulando la circulación de la sangre; muebles de baquelita moldeados en la forma corporal del mismo comprador; senos suplementarios en la espalda, que habrían podido revolucionar la moda hace cien años; un catálogo de formas aerodinámicas para los automóviles, que diez años más tarde adoptarían todos los diseñadores de carrocerías... Gala salía todos los días a vender estos inventos y regresaba por la tarde reventada, «con la cara verdosa, muerta de fatiga y embellecida por el sacrificio de su pasión». Todo el mundo encuentra sus ideas «locas», y loco también el precio para realizarlas; pero con todo, la mayoría de aquellos proyectos llegaron a realizarse.

En este período, Dalí mantiene una actividad incansable. Expone en Norteamérica, escribe poesías, colabora en las revistas «Le surréalisme au service de la révolution» y «Minotaure», en la que publicó un texto muy célebre titulado «La belleza terrorífica y comestible de la arquitectura modernista», que concluye con la no menos célebre declaración: «La belleza será comestible o no será». Pero sobre todo provocó un (nuevo) escándalo con la película «La edad de oro» (L'âge d'or), cuyo guión escribió en colaboración con Luis Buñuel. Los dos amigos, sin embargo, ya no sintonizan la misma onda: Dalí quiere montones de osamentas, custodias y arzobispos con mitras bordadas, bañándose entre los cataclismos rocosos del cabo de Creus. Buñuel, «con la ingenuidad y testarudez propia de un aragonés, convirtió todo aquello en un anticlericalismo primario». Pero Dalí se encuentra más que nunca en boca de todos.

Ahora concibe el plan de cocer un pan simbólico de quince metros de longitud y ponerlo en los jardines del Palais Royal; después quiere llevar a Versalles otro pan de veinte metros, al que seguirán otros ejemplares de treinta metros en todas las ciudades de Europa: ¡vaya carnada para los periodistas!... Pero ¿qué quiere alcanzar con esas manifestaciones? Cretinizar al mundo, arruinar sistemáticamente la lógica. Todos estos inventos se remiten a su «método paranoico-crítico», si bien Dalí confesará más tarde que en aquel tiempo no sabía aún lo que implicaba aquel descubrimiento, tan aclamado por Breton.

En su «Vida secreta», cita algunos ejemplos de actos resultantes del famoso método, cuyo resultado «sobrepasaba» su entendimiento, al igual que mu-

ARRIBA:
El enigma de Hitler, hacia 1939

ABAJO:
Teléfono-bogavante (Teléfono afrodisíaco), 1936

LÁMINA PÁGINA 38:
Busto femenino retrospectivo, 1933
(reconstrucción de 1970)

Estos «objetos surrealistas de funcionamiento simbólico» están constituidos –dirían en la actualidad los filósofos Deleuze y Guattari– por «objetos parciales» en busca de acoplarse para formar «máquinas anhelantes». Para Dalí, el teléfono es el anunciador de noticias; en cuanto a Hitler en el plato, simboliza la angustia premonitoria que sobrecogió al mundo después de la conferencia de Múnich.

A partir de una fotografía de Mae West, estrella de Hollywood, Dalí se imaginó toda una decoración interior. El sofá-labios fue realizado en varios ejemplares. Para la modista Elsa Schiaparelli inventó el rosa «shocking» con el que está revestido el sofá y que constituyó una verdadera moda. Para ella también diseñó sombreros, corbatas y botones comestibles, ropa con langostas auténticas y mayonesa verdadera.

Mae West Lips Sofa, 1936–37

Fotografía de Mae West antes de que Dalí la retocara, 1934–35

chos de sus inventos, de cuyo significado cabal sólo sería consciente más tarde: «Un día vacié completamente el interior de un pan y coloqué dentro un pequeño buda, que cubrí por completo con pulgas muertas. Después cerré la abertura con un trozo de madera, cementé el conjunto y escribí encima: ‹Confitura de caballo.›» Otro ejemplo: ««El decorador Jean-Michel Frank me regaló dos sillas del más puro estilo 1900. En una de ellas sustituí el asiento por una tableta de chocolate. Después la desequilibré prolongando una de las patas con un picaporte; otra de las patas estaba metida en un vaso de cerveza. Llamé a este objeto incómodo ‹la silla atmosférica›. Quienes las veían experimentaban un profundo malestar.» ¿Qué quiere decir eso?

Quiere decir sobre todo que los surrealistas comienzan a inquietarse por la personalidad de Dalí, el cual, según parecía, estaba intentado minarles el terreno y lanzar a su manera el objeto irracional de funcionamiento simbólico

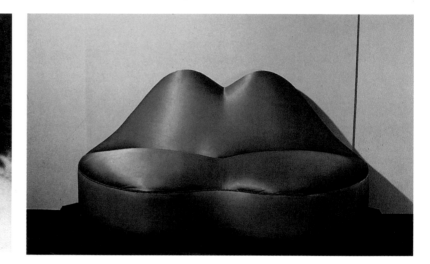

Elsa Schiaparelli: Diseños de sombreros inspirados en Dalí: sombrero-chuleta, sombrero-zapato, sombrero-tintero, 1937

Rostro de Mae West (utilizable como apartamento surrealista), 1934–35

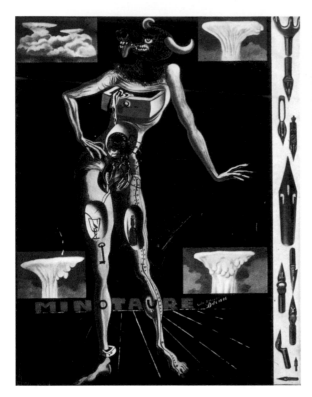

contra los relatos oníricos y la escritura automática, dominio indiscutible de los surrealistas. Desde el *Teléfono-bogavante*, 1936 (pág. 39) hasta el *Mae West Lips Sofa*, 1936–37 (pág. 40), los objetos surrealistas de Dalí triunfan por el mundo y Dalí no escatima los comentarios. Así por ejemplo *Chaqueta afrodisíaca*, hacia 1936 (pág. 43) entra –según él– en la categoría de «máquinas de pensar». «Es un esmóquin recubierto de copas de pippermint, licor al que se atribuyen ciertas propiedades afrodisíacas. Ese chaleco tiene la ventaja aritmética de las combinaciones y juegos de números paranoico-críticos susceptibles de ser evocados por la situación antropomorfa de los vasos. El mito de San Sebastián nos ofrece un caso parecido: dolor objetivable y mensurable gracias al número y posición de las flechas; el dolor sufrido por San Sebastián puede evaluarse… El chaleco afrodisíaco puede ponerse durante ciertos paseos nocturnos, en potentes máquinas que ruedan lentamente (para no derramar el licor de las copas), durante ciertas noches de calma y de gran compromiso sentimental.» Sobre *Día y noche del cuerpo*, 1936 (pág. 43), Dalí ha dicho: «No se sabe cuándo esta prenda se convierte en piel, en envoltura, incluso en armario o en ventana; provisto de una cremallera, puede abrirse en dos sentidos, dándole la vuelta al cierre.» En cualquier caso tiene un fuerte contenido erótico, como la mayor parte de las prendas diseñadas por Dalí. Es también objeto de reflexión. Más tarde, en el curso de una entrevista, Dalí revelaría: «La constante trágica de la vida humana es la moda y por eso me ha gustado siempre colaborar con Mademoiselle Chanel y Madame Schiaparelli, para demostrar que la idea de vestirse, la idea de disfrazarse, no son otra cosa que la consecuencia del trauma de nacer, el más fuerte de todos los traumas

ARRIBA:
Chaqueta afrodisíaca, hacia 1936

ABAJO:
Día y noche del cuerpo, 1936

Este es el género de inventos totalmente inútiles y destinados sólo a snobs muy ricos que enfurecía a Aragon. La «chaqueta de San Sebastián» (a causa de las flechas reemplazadas por los vasos llenos de «pippermint», un licor «afrodisíaco») se debe llevar «durante ciertos paseos muy nocturnos, en máquinas muy poderosas que ruedan muy lentamente (para no derramar el líquido de los vasos)». El modelo de *Día y noche del cuerpo* permite exponerse al sol durante los deportes de invierno, y al mismo tiempo a la concupiscencia…

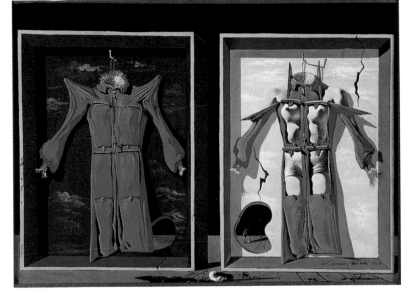

ABAJO:
Escritorio antropomórfico, 1936
Los cajones del inconsciente según las teorías
de Freud. Estos son «especies de alegorías del
psicoanálisis, que ilustran esa complacencia a
percibir el olor narcisista de cada uno de nuestros cajones».

que el ser humano tiene que experimentar, por ser el primero. La moda es,
además, la constante trágica de la historia ya que por su mediación se sabe
cuándo se acerca la guerra; no hay más que mirar las revistas de moda y los
desfiles de modelos, verdaderos ángeles exterminadores.»

Se interesa además por otros objetos, como esos cajones que aparecen por
ejemplo en *el Escritorio antropomórfico*, 1936 (pág. 44), *Jirafa ardiendo*,
1936–37 (pág. 45), o su célebre *Venus de Milo con cajones*, 1936 (pág. 45).
Dalí toma esos cajones de Freud, utilizándolos para representar en imágenes
las teorías psicoanalíticas del profesor vienés. Dalí se encontró con Freud
una sola vez, en Londres, en 1938, aprovechando la oportunidad para presen-
tarle su *Metamorfosis de Narciso* (pág. 52–53) y pintar después, de memoria, el *Retrato de Sigmund Freud* (pág. 44), en el que el cráneo es la concha
de un caracol. Sobre las teorías de Freud dijo: «Son una especie de alegorías
destinadas a ilustrar una cierta complacencia, a percibir los inumerables olores narcisistas que emanan de cada uno de nuestros cajones.» Precisando
más tarde que «la única diferencia entre la Grecia inmortal y la época contemporánea es Sigmund Freud, descubridor del cuerpo humano, que era pu-
ramente neoplatónico en la época de los griegos y hoy día está lleno de cajones secretos que sólo el psicoanálisis es capaz de abrir.» Dalí allanaba así el
camino a numerosos artistas, desde Bellmer hasta Allen Jones, para jugar
con sus muñecas, para transformar la mujer en silla o en mesa.

El cajón puede abrirse también para dejar escapar los olores nauseabundos
de una curiosa marmita: la guerra. Es el caso de *España*, 1938 (pág. 47). Dalí
escribe en su «Vida secreta»: «De toda la España martirizada se elevaba un
olor de incienso, de carne de cura quemado, de carne espiritual descuartizada,
mezclado al olor penetrante del sudor de las masas fornicando entre ellas y
con la muerte.» Y escribe también, a propósito de *Construcción blanda con ju-*

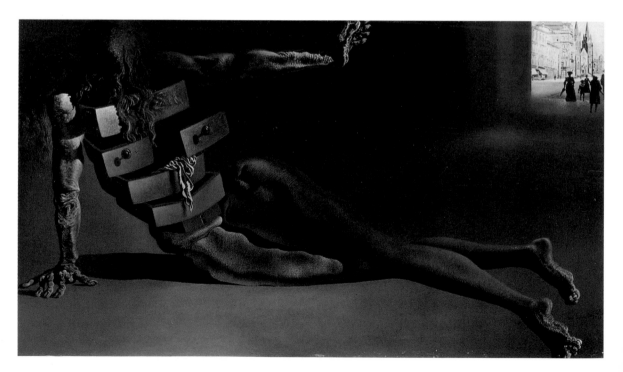

días hervidas – Premonición de la guerra civil, 1936 (pág. 47): «Me perseguía el presentimiento de la guerra civil. Como pintor de paroxismos viscerales, seis meses antes de la guerra de España concluía mi *Premonición de la guerra civil*, aliñada con judías secas hervidas… donde un enorme cuerpo humano presenta numerosos brazos y piernas que, en su delirio, se estrangulan mutuamente. El título *Premonición de la guerra civil* que le di a este cuadro seis meses antes de que estallara, se sitúa de lleno en las profecías dalinianas.»

Los surrealistas tenían motivos suficientes para inquietarse o sentir recelo de los inventos estruendosos de Dalí, ya que éste, por otra parte con toda razón, comenzaba a considerarse el único representante auténtico del movimiento. Es al menos lo que declararía a su llegada a Nueva York, en 1934: «Los críticos distinguen ya entre el surrealismo antes y después de Dalí… Lo blando, la decoración deliclescente, lo viscoso, lo biológico, la putrefacción, provenía de Dalí. Un objeto medieval imprevisto era de Dalí. Una mirada extravagante o angustiosa en un cuadro de Le Nain, era de Dalí. Una película imposible, con arpistas y directores de orquesta adúlteros, también pro-

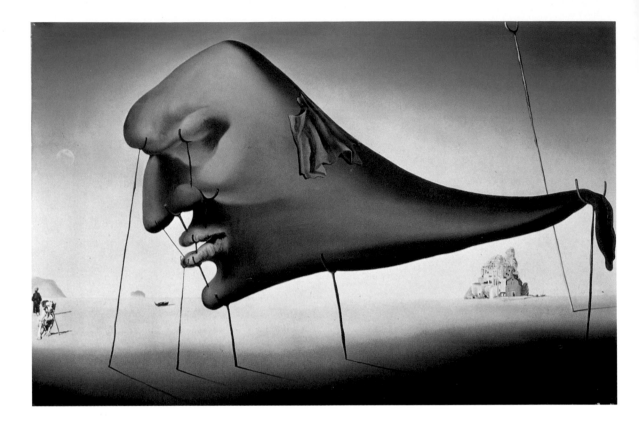

El sueño, 1937
«El sueño es un verdadero monstruo ‹crisalítico› cuya morfología y nostalgia están apoya-
das sobre 11 muletas principales, igualmente
‹crisálidas›, para estudiarse por separado.»

venía de Dalí. El pan de París ya no era el pan de París, era mi pan, el pan de
Dalí, el pan de Salvador!» De hecho, la fama de los objetos surrealistas crea-
dos por Dalí había desacreditado la boga de los sueños y relatos automáticos
tan aburridos. «El objeto surrealista creaba una necesidad de realidad. Ya no
se deseaba lo ‹relatado maravillosamente›, sino lo maravilloso elaborado
con las manos. Lo ‹nunca visto› no interesaba más que a los surrealistas de
Europa central, los japoneses y todos los rezagados internacionales (…). Miró había dicho: ‹¡Deseo asesinar la pintura!› Y la asesinó con mi ayuda, yo
le di, hipócritamente, el golpe de gracia entre los dos hombros. Sin embargo,
no creo que Miró haya notado que nuestra víctima fue la ‹pintura moderna›
y no la anterior a ella…»

Lo «duro», lo «blando», la base concreta del sueño, lo tradicional, que
hay que salvar del olvido, lo busca regularmente Dalí en cabo de Creus. Allí
descubre «el sentido profundo de ese pudor de la naturaleza, que Heráclito
concretaba en una fórmula enigmática: ‹A la naturaleza le gusta ocultarse.›
Observando las formas móviles de las rocas inmóviles, meditaba sobre las
propias rocas de mi pensamiento…» Es allí donde gracias al «glorioso método paranoico-crítico», se entrega al *Sueño*, 1937 (pág. 46). Ese sueño «es un
verdadero monstruo ‹crisalítico› cuya morfología y nostalgia están apoya-
das sobre 11 muletas principales», ya que «basta que un labio encuentre su
apoyo exactamente en la esquina de la oreja, o que el pequeño dedo del pie
se amarre imperceptiblemente a un pliegue de la sábana, para que el sueño
nos domine con todas sus fuerzas. Es entonces cuando la frente horrible se

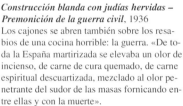

Construcción blanda con judías hervidas –
Premonición de la guerra civil, 1936
Los cajones se abren también sobre los resa-
bios de una cocina horrible: la guerra. «De toda la España martirizada se elevaba un olor de
incienso, de carne de cura quemado, de carne
espiritual descuartizada, mezclado al olor penetrante del sudor de las masas fornicando entre ellas y con la muerte».

adelanta con pesadez y se apoya sobre la columna blanda de la nariz en forma de ‹torbellino agobiado›, biológico por excelencia, el mismo que florece
en la voluta de carne que corona la curvatura dorsal del embrión (…). Sobre
la nariz, el fuste es la columna dorsal de la arquitectura misma. Miguel Angel, ese anciano y auténtico embrión, está de acuerdo conmigo. Dice que ‹la
espiral del sueño› es grandiosa, musculosa, perseverante, absorbida, entera-
mente absorbida, achicada, triunfante, pesada, ligera y dulce. Gaudí tenía
mil veces razón.» Allí, en cabo de Creus, pinta la *Pareja con las cabezas llenas de nubes*, 1936 (págs. 48–49), donde las siluetas de Salvador y Gala están en la posición de los personajes del *Angelus*, 1859 (pág. 34) de Millet.
En ello se abre el cielo sobre la playa de Port Lligat. Sobre la mesa en primer término, se hallan los objetos-fetiche: el vaso de leche, equivalente a la
mujer-cuchara, la nodriza hitleriana representada por una pesa de un kilo y,
finalmente, Lenin representado por la uva de moscatel. En la figura femenina, el ángulo izquierdo del mantel evoca una silueta antropomórfica, que sostiene la cabeza con las dos manos. Eros y Tanatos son sólo uno.

Dalí es totalmente consciente de ello: «Los dos motores más violentos que
hacen funcionar el cerebro artístico y superfino de Salvador Dalí son la líbido, el instinto sexual y la angustia de la muerte… Ni un solo minuto de mi
vida pasa sin que el sublime espectro católico, apostólico y romano de la
muerte me acompañe en la menor de mis fantasías más sutiles y capricho-
sas.» A mitad de camino entre la Segunda Guerra Mundial y la guerra civil
española, el *Rostro de la guerra*, 1940–41(pág. 51) muestra ojos repletos de

España, 1938

Pareja con las cabezas llenas de nubes, 1936
Las dos siluetas de la pareja del siglo: Dalí y
Gala, en la posición de los personajes del *Angelus* de Millet, abriéndose hacia el cielo y la
playa de Port Lligat.

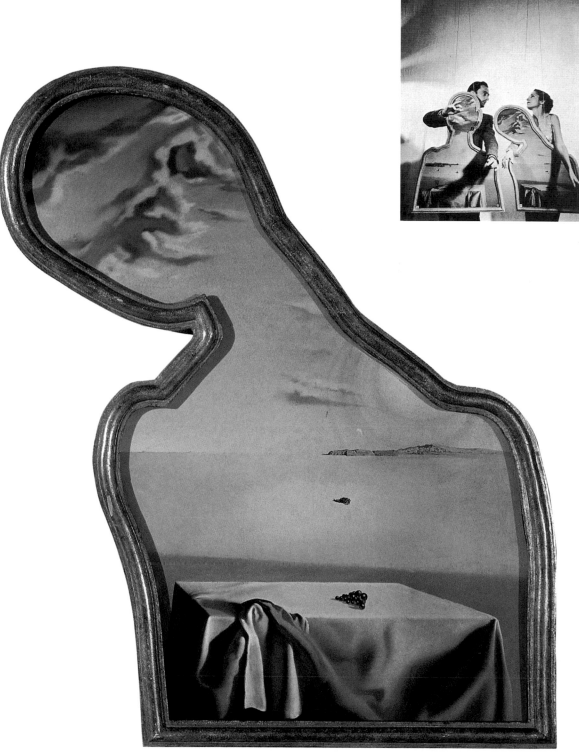

Mercado de esclavos con aparición del busto invisible de Voltaire, 1940
Ejemplo típico de cuadro doble. Al respecto, Dalí comentó que Gala le protegía del mundo irónico y pululante de esclavos, al destruir en su vida la imagen de Voltaire y restos del escepticismo. Dalí dijo que mientras pintó este cuadro, recitó continuamente el poema de Joan Salvat-Papasseit, que termina diciendo: «El amor y la guerra son la sal de la tierra.»

calaveras. Al igual que la composición *Mercado de esclavos con aparición del busto invisible de Voltaire*, 1940 (pág. 50), es también un ejemplo característico de imágenes dobles, triples, multiplicadas hasta el infinito, que saca a la luz el busto de Houdon, representando a Voltaire, y puede desaparecer después para hacerle sitio a un grupo de personas. Dalí se ejercita en juegos ópticos. Con esa pintura pretende demostrar la organización física de la percepción visual, en que las neuronas alteran las imágenes. Pero las ideas de Dalí son decisivas. En su «Vida secreta» lo resume así: «Entré en un período de rigor y de ascetismo que comenzó a dominar mi estilo, mi pensamiento y mi vida atormentada. La España en llamas ilustró este drama del renacimiento de una estética. Ella serviría de holocausto a esta Europa de posguerra, atormentada por dramas ideológicos, inquietudes morales y estéticas... De un solo golpe, del centro del cadáver español, saltó el sexo ibérico en erección, medio devorado por los gusanos ideológicos, inmenso como una catedral repleta de la dinamita blanca del odio. ¡Enterrar y desenterrar! ¡Desenterrar y enterrar, para desenterrar de nuevo! Tal fue el deseo carnal de la guerra civil en esta España impaciente. Había que ver cómo era capaz de sufrir; de hacer sufrir, de enterrar y desenterrar, de matar y hacer revivir. Haría falta cavar la tierra para exhumar la tradición, y profanarlo todo, para poder sacar de nuevo todos los tesoros que el país escondía en sus entrañas.»

Rostro de la guerra, 1940–41

La muerte atormenta a Dalí, ya sea que tome el rostro de la guerra o el más seductor de los desnudos femeninos. Para la película «Moontide», Dalí se imaginó accesorios tan horribles que fueron rechazados, los técnicos se negaron a ejecutarlos.

Araña de la tarde... esperanza, 1940

LAMINA PAGINAS 52–53:
Metamorfosis de Narciso, 1937
Dalí mostró este lienzo a Sigmund Freud en su único encuentro, en Londres en julio de 1938, para probarle que era uno de sus mejores discípulos.

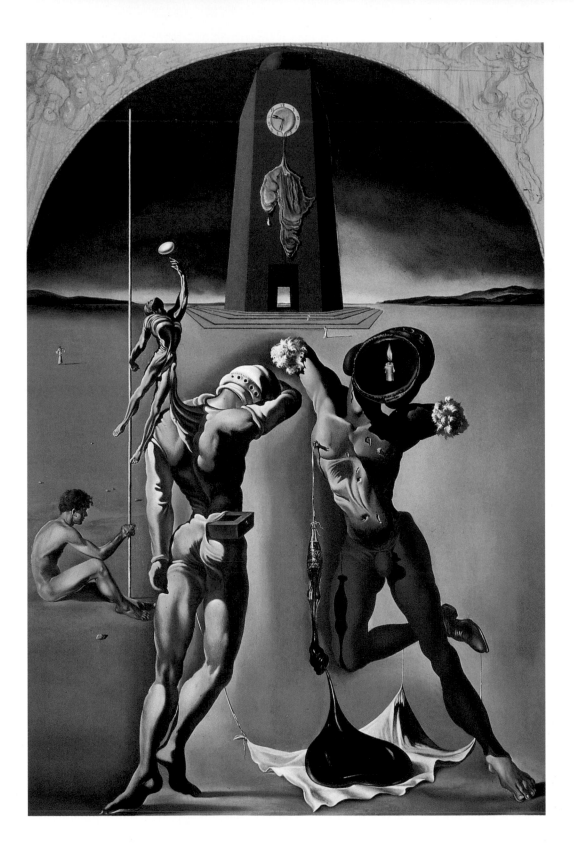

Alucinaciones o visiones científicas

«Quieren devorarte crudo, mi pequeño…» Gala, que conocía bien al grupo surrealista, había prevenido a Dalí: Breton, Aragon y compañía querían ejercer sobre él una represión semejante a la de su propia familia. Él sufriría la misma limitación ya que, en el fondo, «todos ellos eran burgueses». Fiel a su lema, tomado de Freud, «héroe es quien se rebela contra la autoridad paterna y la doblega», y después de haber saldado cuentas con el autor de sus días, se dispone ahora a hacer lo propio con su nuevo padre, André Breton.

Provisto de su buena fe, «bastante jesuítica», pero «conservando la idea precisa de convertirme pronto en su jefe», toma el surrealismo «al pie de la letra, no desdeñando la sangre ni los excrementos, con los que sus defensores alimentan sus diatribas. Así como antes me había aplicado en ser un perfecto ateo leyendo los libros de mi padre, ahora era un estudiante del surrealismo tan concienzudo, que enseguida me convertí en el único ‹surrealista integral›, hasta el punto de ser expulsado del grupo por ser demasiado surrealista.»

No resultaba difícil hacerse excluir por Breton. Fueron muchos los que siguieron ese camino y, a menudo, los mejores, es decir, los más independientes. Después de todo, cada jardinero corta a su manera los árboles y arbustos de su jardín. Además Dalí, buen apóstol de movimiento, no le ahorró ese trabajo. «Cuando Breton descubrió mi pintura», cuenta en el «Diario de un genio», «se mostró disgustado por los elementos escatológicos que la mancillaban. Ello me sorprendió. Yo me estrenaba en la m…, lo que, desde el punto de vista del psicoanálisis, podría ser interpretado más tarde como el feliz presagio del oro que felizmente amenazaba llover sobre mí. Insidiosamente, intenté hacer creer a los surrealistas que tales elementos escatológicos no podían menos que traerle suerte al movimiento. No vacilé en invocar en mi auxilio la iconografía digestiva de todas las épocas y civilizaciones: la gallina de los huevos de oro, el delirio intestinal de Danae, el asno de los excrementos de oro. Pero no quisieron escucharme. Así pues, tomé una rápida decisión. Puesto que no querían saber nada de la m… que yo generosamente les ofrecía, guardaría esos tesoros y ese oro para mí. El famoso anagrama, laboriosamente compuesto por Breton veinte años después, ‹Avida Dollars›, hubiera podido lanzarse proféticamente en aquella época.»

Gala tenía razón: hasta cierta medida, eran tolerables los elementos escatológicos, pero en compensación muchas cosas se declararon «tabú». «Reconocía allí las mismas prohibiciones que en el seno de mi familia. Me permitían la sangre, podía jugar con un poco de caca; pero no tenía derecho a emplear sólo la caca. Me permitían representar el sexo, pero no fantasías anales. ¡Los anos se miraban con mala cara! Las lesbianas les gustaban, pero no los pede-

Condottiere
(¿Autorretrato de Condottiere?), 1943
Dalí «duro», de soldado del conocimiento…

Poesía de América – Los atletas cósmicos, 1943
La mezcla de los recuerdos catalanes y los descubrimientos americanos, con la premonición de la victoria de los negros sobre los blancos y del ocaso de Africa reducido a su envoltura vacía. Por primera vez aparece una botella de Coca-Cola en la pintura, veinte años antes del Pop Art y Warhol.

Cesta de pan – Mejor la muerte que la deshonra, 1945
Un ejemplo notable de la manera en que Dalí consigue conferir una dimensión épica a los elementos más cotidianos. Las imágenes del pan ocupan un lugar considerable en la obra de Dalí «que no sabe lo que hace pero sabe qué come». «Mi objetivo» –explica Dalí– «ha sido recuperar la técnica perdida por los viejos, de llegar a una inmovilidad del objeto pre-explosivo.»

rastas. En los sueños podía utilizar el sadismo a voluntad, los paraguas y las máquinas de coser, pero sólo cosas profanas. Pero todo elemento religioso me estaba vedado, incluso si revestía un carácter místico. Si soñaba simplemente con una madona de Rafael sin blasfemias aparentes, me prohibían hablar de ello…»

Dalí se sentía orgulloso de continuo por haber aportado la contradicción a los surrealistas, por haberlos obligado a aceptar una idea o una imagen completamente contraria a su «gusto». Para conseguirlo, utilizó «esa hipocresía mediterránea y paranoica», de cuya perversidad conocía todos los secretos. «¡No apreciaban los anos! Yo, con astucia, se los proporcionaba bien disimulados, y preferentemente maquiavélicos. Si creaba un objeto surrealista en el cual no aparecía ningún fantasma de este orden, el funcionamiento simbólico del objeto era exactamente el de un ano. Así, al automatismo puro y pasivo oponía el pensamiento estimulante de mi famoso método de análisis paranoico-crítico. Al entusiasmo por Matisse y las tendencias abstractas, oponía la técnica ultra-rretrógada y subversiva de Meissonier. Para arrinconar los objetos primitivos,

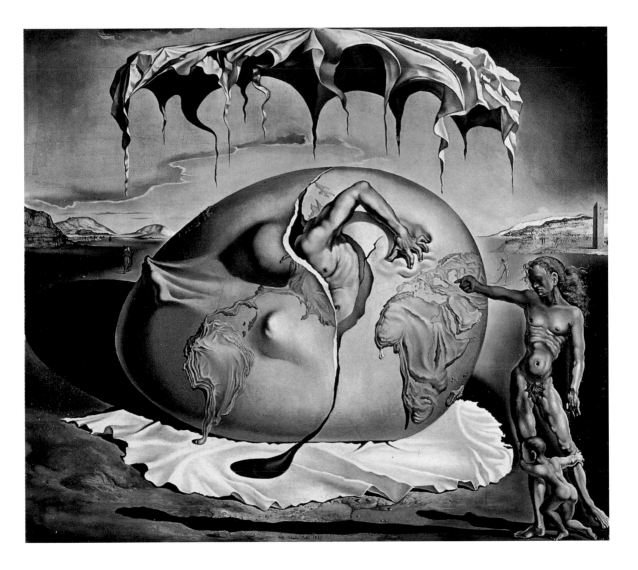

lanzaba objetos ultracivilizados del estilo moderno que confeccionaba con Dior y que algún día reaparecerían en el mundo de la moda con el ‹new look›.»

De ahí sus múltiples provocaciones, como la nalga lírica de tres metros, sostenida por una muleta, con la que pinta a Lenín y que, para su propia decepción, no escandalizó a sus amigos surrealistas. «Esta misma decepción tuvo la virtud de estimularme. Podía pues ir más lejos… intentar lo imposible. Sólamente Aragon se indignó con mi máquina de pensar, adornada con recipientes llenos de leche caliente. – ‹¡Basta ya de excentricidades dalinianas!› exclamó encolerizado. De ahora en adelante, la leche será para los niños de los parados…» Aragon había caído en la trampa y Dalí se anotó un tanto a su favor. Entusiasmado, aprovechó para dar un zarpazo a aquéllos que le despreciaban. «Comprendiendo el peligro de embrutecimiento que representaba la fracción comunista, Breton decidió la expulsion de Aragon y sus partidarios: Buñuel, Unic, Sadoul, etc. René Crevel fue el único comunista de buena fe. Decidió no seguir a Aragón en su camino hacia la mediocridad intelectual…

Niño geopolítico observando el nacimiento del hombre nuevo, 1943
El mundo intrauterino del huevo, pintado con los más finos colores…

De Velázquez a Dalí, 1971
Montaje fotográfico que muestra cómo se pasa, por superposición, del rostro de Velázquez al de Dalí; verdadera «reencarnación» del genio clásico en la época moderna.

incapaz de resolver las dramáticas contradicciones de los problemas ideológicos de la posguerra, acabó suicidándose. Crevel era el tercer surrealista que se suicidaba, corroborando así la encuesta efectuada por el movimiento en sus comienzos: ‹¿Es el suicidio una solución?› Yo respondí que no, ratificando esta negativa con la prosecución de mi actividad irracional.»

Más grave a los ojos de Breton era la posición de Dalí en el terreno político, una posición sorprendente, escandalosa y comprometedora para los surrealistas, que no comprendían que las preferencias de Dalí se orientaran lógicamente hacia los regímenes que mantenían una élite, la jerarquía, un ceremonial, las fiestas públicas en que se perpetuaba un ritual, las liturgias, el fasto y, por qué no, unas fuerzas armadas más suntuosas que eficaces. Evidentemente las monarquías son más ricas en esplendor que las democracias, lo que desgraciadamente también ocurre con los regímenes totalitarios. Dalí quería que el soplo de lo maravilloso partiera del surrealismo, negándose a aceptar que la izquierda política fuera prosaica y ahorradora. Siempre declaró bien alto que la política no le interesaba, que le parecía anecdótica, mezquina e incluso amenazante. Estudiaba, por el contrario, la historia de las religiones y, en particular, la religión católica a la que consideraba cada vez más «la arquitectura perfecta». «La gente rica me ha causado siempre el mis-

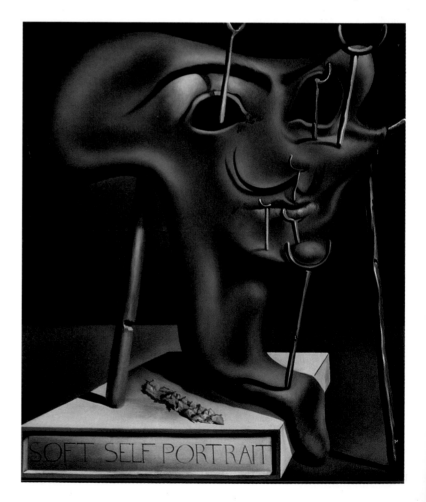

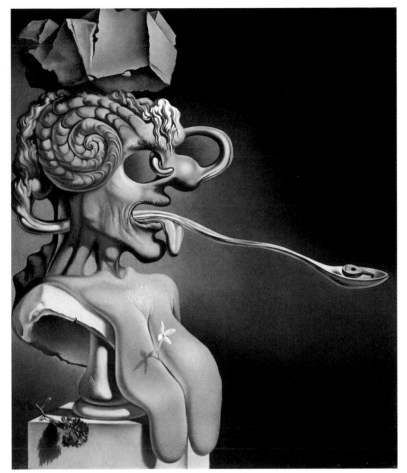

mo efecto», aseveraba ante los surrealistas, «que la gente pobre de Port Lligat. Sólo la gente normal me deja frío...» Por ello deploraba que en torno a los surrealistas se congregaran «los pequeños burgueses, una recua de inadaptados mal lavados. Huía de ellos como de la peste... Visitaba por la mañana y por la noche a las gentes de la alta sociedad. La mayoría de ellas no mostraba inteligencia alguna, mientras que sus mujeres lucían alhajas duras como mi corazón, se perfumaban con extravagancia y adoraban la música que yo detestaba. Yo seguía siendo un campesino catalán, ingenuo y astuto, en cuyo cuerpo habitaba un rey. Era un presuntuoso y no podía desembarazarme de la turbadora imagen de postal que representaba a una mujer de la alta sociedad desnuda, atiborrada de joyas y con un sombrero suntuoso, postrándose a mis sucios pies. He aquí lo que yo deseaba profundamente.»

Imaginarse a Hitler vestido de mujer no era del todo inocente. Pintar una «Nodriza hitleriana» con la cruz gamada, era aún peor. Sus amigos surrealistas no pudieron creer por un solo instante que aquel vértigo hitleriano fuera totalmente apolítico, que la imagen del «Führer», de una ambigüedad escandalosa, no estuviera impregnada de tanto humor negro como las representaciones de Guillermo Tell o de Lenin. Le replicaban que al propio Hitler le hubieran gustado en sus cuadros todo lo que tenían «de cisnes, de soledad, de

Tres rostros de Gala asomando de las rocas, 1945

Mi mujer desnuda contemplando su propio cuerpo transformándose en escalones, tres vértebras de una columna, cielo y arquitectura, 1945

megalomanía, de wagnerismo y de jeronimobosquismo» (*Metamorfosis de Narciso*, 1937, pág. 52–53, *Cisnes reflejados en elefantes*, y más tarde *La apoteosis de Homero*, 1944–45, pág. 64–65). «Yo estaba fascinado», se defendía Dalí, «por la espalda blanda y rolliza de Hitler, siempre tan bien enfajada dentro de su uniforme. Cada vez que me ponía a pintar la correa de cuero que, partiendo de su cintura, pasaba al hombro opuesto, la blandura de aquella carne hitleriana, comprimida bajo la guerrera militar, suscitaba en mí tal estado de éxtasis gustativo, lechoso, nutritivo y wagneriano, que hacía palpitar violentamente mi corazón, una emoción que ni siquiera me embargaba haciendo el amor.» «Además», proseguía Dalí, «yo consideraba a Hitler un masoquista integral, poseído por la idea fija de desencadenar una guerra para perderla luego heroicamente. En suma, se apresuraba a realizar uno de esos actos arbitrarios tan apreciados por nuestro grupo. Mi insistencia en ver la mística hitleriana desde el punto de vista surrealista, al igual que dotar de un sentido religioso el contenido sádico del surrealismo (ambas cosas reforzadas por las revelaciones de mi método de análisis crítico-paranoico que tendía a anular el automatismo y su narcisismo inherente), me condujeron a una serie de desavenencias y de rupturas intermitentes con Breton y sus amigos.»

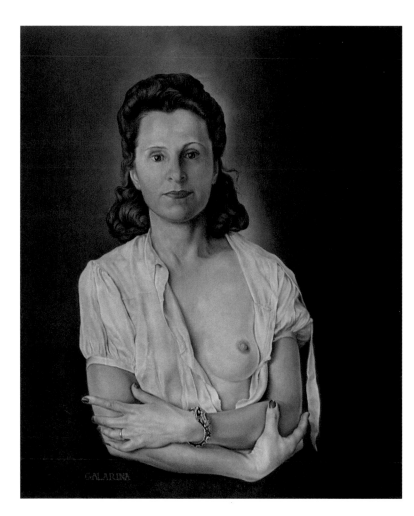

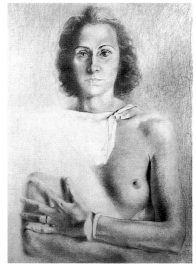

Rafael pintó a Fornarina… Dalí pinta a Galarina… Eva victoriosa portando la serpiente, do-
mesticada, en su brazo. Gala es también, por
la posición de sus brazos, su «cesta de pan» y
su seno desnudo es «la punta de un mendru-
go» (*Galarina*). Gala es, en fin, arquitectura
transparente, como un insecto devorado por
las hormigas. A través de los huecos de su anatomía, Dalí percibe el Cielo (*Mi mujer desnuda…*): «Cada vez que deseo acercarme a la
pureza, miro al Cielo a través de la carne…»

En realidad, estaba superado el estadio de las desavenencias. Emplazado
por el grupo, Dalí apareció con un termómetro en la boca, por hallarse enfer-
mo; supuestamente acatarrado, se había abrigado con varios jerseys y una bu-
fanda. Mientras Breton exponía las acusaciones, Dalí no cesaba de consultar
su temperatura; después, pasando al contrataque, comenzó a quitarse una
prenda tras otra. Durante el «striptease», leía la defensa que había redactado
y exhortaba a sus amigos a comprender que su obsesión hitleriana era estricta-
mente paranoica y apolítica, que no podía ser nazi, «ya que, si Hitler conquis-
tara Europa, aprovecharía la ocasión para mandar al otro mundo a todos los
histéricos de mi especie, tildándolos de degenerados, como ya lo había hecho
en Alemania. En fin, el papel femenino e irresistiblemente equilibrado que yo
atribuía a la personalidad de Hitler hubiera bastado para que los nazis me cali-
ficaran de iconoclasta. Asimismo, el fanatismo exacerbado que yo tenía por
Freud y Einstein, ambos expulsados de Alemania por Hitler, demostraba claramente que éste no me atraía más que como objeto de mi delirio, y porque
se me antojaba un personaje de un valor catastrófico incomparable.»

¿Qué podía hacer él si soñaba con Hitler como con el *Angelus*, 1859, (pág.
34) de Millet? Cuando llega al pasaje donde lo describía («para mí Hitler tie-

ne cuatro testículos y seis prepucios…»), Bretón exclama violentamente:
«¿Va a seguir por mucho tiempo fastidiándonos con su Hitler?» Y Dalí le es-
peta, en medio de la hilaridad general: «Si esta noche sueño que usted y yo
nos hemos acostado juntos, mañana pintaré nuestras mejores posturas amoro-
sas con todo lujo de detalles.» Petrificado, con la pipa bloqueada entre los
dientes, Bretón exclamó furioso: «No se lo aconsejo, querido amigo.» Aquella confrontación era otro ejemplo más de la rivalidad existente entre estos
dos hombres y sus relaciones de fuerza: ¿quién de ellos «poseería» al otro?

Después de aquella memorable reunión, se le expulsa en térmicos casi jurí-
dicos: «Dado que Dalí ha sido hallado culpable de realizar repetidos actos
contrarrevolucionarios dirigidos a la glorificación del fascismo hitleriano, los
abajo firmantes proponen excluirle del surrealismo como elemento fascista y
combatirle por todos los medios.» Pese a ello, Dalí no dejará de participar en
las exposiciones del grupo. El movimiento necesitaba a un agente de publici-
dad tan brillante como él, y Breton lo sabía. El papa surrealista tuvo que ad-
mitir que, con su método crítico-paranoico, Dalí había dotado al «surrealismo
de un instrumento de primer orden». También André Thirion, perteneciente
al grupo más purista y dogmático del movimiento, reconoció que «lo que Dalí ha aportado al surrealismo ha sido de importancia capital para la vida del
grupo y el desarrollo de su ideología. Quienes hayan escrito lo contrario, o
bien hacen falso testimonio o no han comprendido nada. Tampoco es cierto
que Dalí dejara de ser un gran pintor hacia 1950, aun cuando su conversión al
catolicismo fuera bastante repugnante… Después de todo, siempre se encuentra un dibujo singular, una fuerza inventiva sorprendente, sentido del drama y
del humor. El surrealismo debe mucho a su imaginación.»

¿En qué consiste ese famoso método paranoico-crítico? Dalí lo explica en
uno de sus ensayos más importantes, «La conquista de lo irracional» (La con-
quête de l'irrationnel; 1935): «Toda mi ambición en el terreno pictórico consiste en materializar, con la precisión más imperialista, imágenes de la irracionalidad concreta… que no se pueden explicar provisionalmente ni deducir por los
sistemas de la intuición lógica, ni por los mecanismos racionales.» Y prosigue:

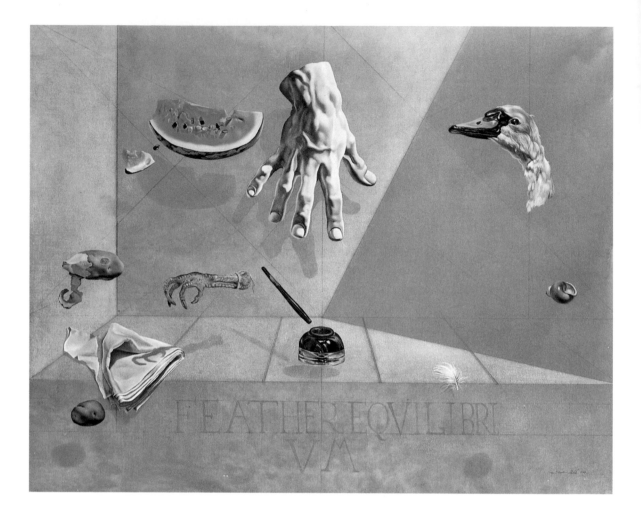

Equilibrio intra-atómico de una pluma de cisne, 1947

La separación del átomo (Dematerialization near the Nose of Nero), 1947
Entramos en el período de las «visiones científicas» místicas, en el período de las naturalezas muertas «vivientes» donde las composiciones arquitecturales que hacen referencia al patrimonio artístico, manifiestan el átomo y el equilibrio intra-atómico revelados por los descubrimientos científicos.

«La actividad paranoico-crítica es un método espontáneo de conocimiento irracional, basado en la asociación interpretativo-crítica de fenómenos delirantes.» Estos fenómenos contienen en sí mismos la estructura sistemática completa, y no hacen más que «objetivarse a priori por la intervención crítica». Las posibilidades ilimitadas de este método sólo pueden nacer de «la idea obsesiva». Y concluye con una pirueta aparente, en realidad una advertencia que unía, como una clara premonición, la sociedad de consumo a la necesidad atávica de lo comestible: estos simulacros de lo imponderable no esconden otra cosa que «la bien conocida, sanguinaria e irracional chuleta asada que nos comerá a todos». Esta «chuleta» antropófaga será retomada como propia por el Pop Art norteamericano para cantar las excelencias de la Coca-Cola, la sopa Campbell's y las mujeres de plástico de Warhol, Jasper Johns, Claes Oldenburg, Tom Wesselmann y muchos otros. En ese sentido, el cuadro *Poesía de América*, 1943 (pág. 54) no representa solamente la conquista del Nuevo Mundo por Dalí, sino también uno de los avatares de su método paranoico-crítico y profético. Es una mezcla indisoluble de los recuerdos de infancia idealizados y del descubrimiento del nuevo continente, donde permaneció durante la Segun-

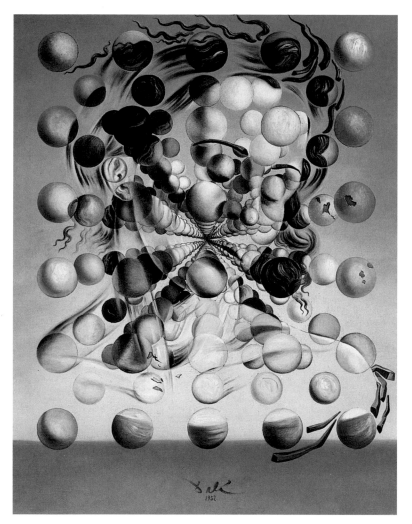

LAMINA PAGINA 68:
Leda atómica, 1949
Dalí continúa la saga terrestre de la pareja Salvador-Gala, sediento de lo absoluto: «La *Leda atómica* es el lienzo clave de nuestra vida. Todo está suspendido en el espacio sin que nada toque nada. La muerte misma se eleva a distancia de la tierra.»

da Guerra mundial. Se hallan en él vestigios de la meseta del Ampurdán asimiladas a los vastos territorios de ciertas regiones desérticas de los Estados Unidos: la torre propiedad de los Pichot y las colinas próximas a Cadaqués, así como la franja costera del cabo de Creus. Para describir un paisaje nuevo y extraño, Dalí recurre siempre a sus recuerdos. En la inmensidad de la arena, que se extiende al infinito, se reconoce a lo lejos la silueta de una mujer que evoca la apariencia de la prima Carolinetta. En primer plano, dos personajes masculinos muestran la violencia de los partidos de rugby. Dos jugadores, un blanco y un negro, están frente a frente, con atuendos que recuerdan los ropajes del Renacimiento italiano. El hombre negro hace pensar en cierto guerrero de Morrone: con la cabeza vacía, el cuerpo de estopa, con la apariencia de un maniquí mutilado, en él que no destaca otra cosa que una botella de Coca-Cola en pudrición. El blanco, nuevo Adán, engendra al hombre futuro, en cuyo dedo índice se balancea el huevo del mundo venidero. Según Dalí, este cuadro altamente moralizante se encuentra entre las imágenes premonitorias de grandes comba-

A LA IZQUIERDA:
Estudio para: *La Madona de Port Lligat*, 1950

A LA DERECHA:
Cruz nuclear, 1952

El pan ya no es sólo un delirio comestible. Se
ha convertido en eucarístico y en el centro de
las composiciones religiosas. Dalí explica:
«Todas las virtudes geológicas de Port Lligat
están encarnadas en ‹Gala Madona› como en
el caso de la nodriza de cuya espalda se ha
quitado una mesita de noche, Gala está subli-
mada, en esta ocasión, por un tabernáculo de
carne viva que permite ver el espacio celeste,
al centro del cual el Niño Jesús, a su vez, con
otro tabernáculo tallado en su pecho, contiene
el pan eucarístico colgante.»

tes. La América negra, triunfante y horrorizada, casi se niega a ver la autodes-
trucción inevitable del hermano blanco. Dalí expresa en este cuadro la premonición de las dificultades que sobrevendrían entre las comunidades negras y
blancas después de la guerra, así como la decadencia de Africa, que como un
mapa blando cuelga de la fachada de una torre-mausoleo, mientras que el reloj
parece marcar la hora fatídica. Para Dalí, la botella de Coca-Cola es también
premonitoria. Hace notar a Robert Descharnes que la pintó con minuciosisdad
fotográfica, lo mismo que veinte años más tarde lo harían Andy Warhol y los
artistas pop norteamericanos. Estos descubrieron el cuadro del pintor catalán
después de estar persuadidos de que eran los primeros interesados por este género de objetos anónimos y banales. Las reflexiones acerca del dinamismo
americano representado en los dos jugadores de rugby, durante su permanen-
cia en los Estados Unidos, las resume Dalí de la siguiente forma: «Lo que más
le gusta al pueblo americano es, en primer lugar, la sangre sobre todo de tipo
histórico (tal vez ha visto usted las grandes películas americanas); siempre hay

en ellos escenas en las que el héroe es abatido de la forma más sádica y en las que uno asiste a verdaderas orgías de sangre. En segundo lugar, los relojes blandos; ¿por qué? porque los americanos miran constantemente el reloj. Están ensañados, horriblemente ensañados y sus relojes son horriblemente rígidos, duros y mecánicos. El día en que Dalí pintó por primera vez un reloj blando, el éxito fue total. Ese horrible objeto que marca minuto a minuto la sucesión ineluctable de su vida y le recuerda asuntos terribles se vuelve, por fin de una vez por todas, tan blando como el queso camembert en el mejor momento, cuando empieza a derretirse. La más grande pasión del pueblo americano es ver la destrucción de niños pequeños; ¿por qué?, porque la masacre de los inocentes, según los grandes psicólogos de los Estados Unidos, es el tema favorito que se encuentra en lo más profundo de su subconsciente; porque están de tal manera entorpecidos por el niño, que su líbido se proyecta hasta henchir totalmente las superficies cósmicas de sus sueños. Si los americanos adoran las orgías de sangre y si los americanos adoran las masacres de inocentes y los relojes blandos

A LA IZQUIERDA:
La Madona de Port Lligat, 1950

A LA DERECHA:
Dalí y Gala ante *La Madona de Port Lligat,* 1956

A LA IZQUIERDA:
Giovanni Paolo Pannini:
Interior del Panteón del Campo de Marte en
Roma, consagrado al culto de todos los dioses
bajo Vespasiano Agripa y consagrado en el
s. VII al culto cristiano (detalle).

A LA DERECHA:
Cabeza rafaelesca estallando, 1951
Dalí franquea las puertas del conocimiento:
«Con más fuerza que los ciclotrones y los or-
denadores cibernéticos, yo puedo penetrar en
un instante en los secretos de lo real… ¡A mí
el éxtasis!… ¡A mí Santa Teresa de Avila!…
Yo, Dalí, al reactualizar el misticismo español, voy a probar con mi obra la unidad del
universo, mostrando la espiritualidad de toda
substancia.»

que se derriten como un verdadero camembert francés cuando está a punto, es
porque lo que más quieren en el mundo son los ‹dots›, puntos de información
que simbolizan la discontinuidad de la materia. Es el motivo por el que todo el
‹Pop Art› actual está hecho de esos ‹dots› de información.»

El resultado del método paranoico-crítico es que todas las obras de la época están influenciadas por la metafísica y por los descubrimientos científicos
de la era moderna, que Dalí sigue paralelamente. De esas «visiones alucina-
das», a las que siguen inmediatamente las «visiones científicas», surge *Dalí
en el huevo* (1942), que Philippe Halsman pasa a la fotografía bajo las instruc-
ciones del pintor. También *Niño geopolítico*, 1943 (pág. 57), otra versión pintada a mano. También *Autorretrato blando con tocino frito*, 1941 (pág. 58),
que más tarde encontrará su eco en *Retrato de Picasso*, 1947 (pág. 59). Sobre
el *Autorretrato blando* (siempre ese delirio culinario…), Dalí declaró que se
trata de un «autorretrato antipsicológico; en vez de pintar el alma, es decir, el
interior, pinté solamente el exterior, el envoltorio, el guante de mí mismo. Este guante de mí mismo es comestible, e incluso un poco pasado, motivo por

el que aparecen las hormigas en el tocino frito. Siendo el más generoso de los pintores, me ofrezco siempre para comer, alimentando suculentamente nuestra época.» ¿No es de alguna forma el proceder de Cristo? El *Retrato de Picasso* podría titularse «retrato paranoico-oficial de Pablo Picasso», ya que Dalí ha acumulado en él los elementos folclóricos que representan anecdóticamente los orígenes de su genial compatriota andaluz. Dalí rinde tributo a la notoriedad del malagueño, presentando su figura sobre un pedestal, que es símbolo de la consagración oficial; los pechos representan el aspecto nutritivo (indispensable) de Picasso, que lleva sobre su cabeza la pesada roca de la responsabilidad (catastrófica) de su obra frente a la pintura contemporánea. La figura es una combinación de pata de cabra con el peinado de la estatua greco-ibérica de «La dama de Elche», que recuerda los orígenes andaluces y malagueños de Picasso. El folclore ibérico queda completado con la presencia de un clavel, un jazmín y una guitarra. Sobre la obra del más celebre de todos los gitanos, Dalí dijo poco después de la muerte de aquél: «Creo que en la obra de Picasso la magia es romántica, es decir, convulsiva, mientras que la mía no puede hacer otra cosa que acumular la tradición. Yo me diferencio totalmente de Picasso, ya que él no se ocupa de la belleza, sino de la fealdad

A LA IZQUIERDA:
La asunción de Santa Cecilia, 1955

A LA DERECHA:
Cabeza de ángel gris (Grey Head of Angel), 1952–54

73

Dibujo de «Cristo en la Cruz», atribuido a San Juan de la Cruz, s. XVI

Estudio para: *El Cristo de San Juan de la Cruz*, 1951

ABAJO A LA IZQUIERDA:
Diego Rodríguez de Silva y Velázquez:
Estudio para: *La rendición de Breda*,
hacia 1635

ABAJO A LA DERECHA:
Louis Le Nain.
Campesinos delante de su casa (detalle),
hacia 1642

LAMINA PAGINA 74:
El Cristo de San Juan de la Cruz (Christ of Saint John of the Cross), 1951
Un «sueño cósmico» reveló a Dalí que el «núcleo del átomo», la unidad misma del Universo, es Cristo. El dibujo de San Juan de la Cruz da fe de esto, lo que Dalí resume geométricamente bajo la figura de un círculo dentro de un triángulo. Las citas inevitables de la tradición se encuentran en este lienzo en forma de un homenaje a Velázquez y a Le Nain.

y yo insisto más y más en la belleza; pero la belleza fea y la belleza bella, en casos extremos de genios como Picasso y yo, pueden ser de tipo angélico.»

A lo paranoico-crítico pertenece también el *Sueño causado por el vuelo de una abeja alrededor de una granada, un segundo antes del despertar*, 1944 (pág. 2), cuyo título es ilustrativo: «Por primera vez se representa el descubrimiento de Freud, el típico sueño de larga fabulación argumental, consecuencia de lo instantáneo de un hecho que provoca el despertar. Así como la caída de una barra sobre la garganta del durmiente provoca simultáneamente el despertar y un largo sueño que desemboca en la guillotina, el ruido de la abeja provoca aquí la picadura del dardo que despertará a Gala.» Refiriéndose a *Mi mujer desnuda contemplando su propio cuerpo transformándose en escalones, tres vértebras de una columna, cielo y arquitectura*, 1945 (pág. 60), Dalí explica: «Cuando tenía cinco años, vi un insecto que había sido devorado por las hormigas, que solamente dejaron el caparazón. Por los agujeros de su anatomía podía verse el cielo. Cada vez que tengo el deseo de aproximarme a la pureza, miro el cielo a través de la piel.»

Gala, omnipresente en la obra de Dalí, es «el ser más raro que pueda verse, la superestrella que en modo alguno puede compararse con la Callas o con Greta Garbo, ya que a éstas se las puede ver, mientras que Gala es un ser invisible y antiexhibicionista por excelencia. En casa de Salvador Dalí hay dos jefes de estado, uno es mi esposa, Gala, y el otro Salvador Dalí. Salvador Dalí y Gala son los dos seres únicos capaces de moderar o de exaltar matemáticamente mi divina locura.» Dalí nombra *Galarina*, 1944–45 (pág. 61) la imagen de Gala, «porque Gala es para mí lo que Fornarina para Rafael. Y sin premeditación se encuentra aquí nuevamente el pan. Un análisis riguroso y perspicaz saca a la luz la semejanza de los brazos cruzados de Gala con el borde de una cesta del pan, y su pecho se parece a la extremidad de la corteza de un pan. Ya había pintado a Gala con dos chuletas sobre los hombros, para expresar mis ganas de devorarla. Era la época de la carne cruda de mi imaginación. Hoy día, una vez que Gala se ha elevado a la jerarquía heráldica de mi nobleza, se ha convertido en mi cesta del pan.»

Por una vez, Dalí describe con humildad todo este trabajo: «El cielo, he aquí lo que mi alma, poseída de lo absoluto, ha buscado a lo largo de una vida que a algunos puede parecer confusa y, para decir la verdad, perfumada con azufre del demonio. ¡El cielo! Desdichado quien no lo comprenda. Cuando vi por primera vez la axila depilada de una mujer, busqué el cielo; cuando removí con mi muleta el cadáver podrido e infestado de gusanos de mi erizo muerto, he buscado el cielo. ¿Qué es el cielo? ¡Gala ya es realidad! El cielo no se encuentra en lo alto, ni abajo, ni a la derecha, ni a la izquierda; el cielo está exactamente en el centro del pecho del hombre que tiene fe. P.S.: En este momento aún no tengo fe y temo morir sin el cielo.» Aunque Dalí se dedica exclusivamente a sus reflexiones metafísicas, continúa ganando gran cantidad de dinero. La vitalidad americana resulta ser un alimento de primera calidad. Diseña joyas, amuebla viviendas, decora escaparates de grandes almacenes, trabaja para revistas como «Vogue» o «Harper's Bazaar», escenifica ballets y decora escenarios, publica, ilustra, toma parte en películas y habla menos de la conquista de lo irracional que de la conquista de la realidad. La revista «Art News» sostiene maliciosamente: «No se descarta que a partir de ahora Dalí dedique mayor atención a la conciencia que a la inconsciencia. Si fuera efectiva-

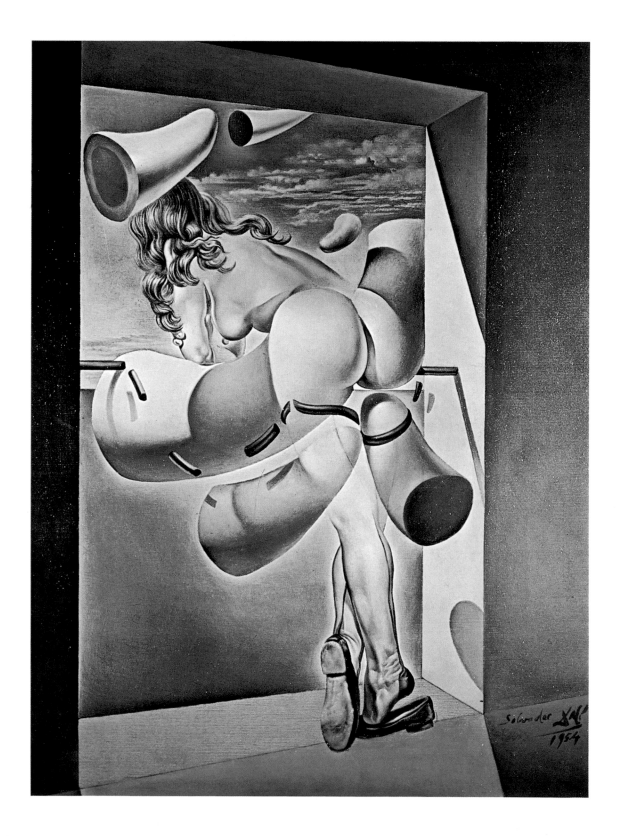

mente así, ya no le falta nada para convertirse en el mejor pintor académico del siglo veinte.» Nadie es más consciente que el propio Dalí de este proceso de transformación que se produce en su interior : «Las dos cosas más subversivas que le pueden ocurrir a un ex-surrealista son dos: primero, convertirse en místico y, segundo, saber dibujar. Estas dos formas de vigor me llegan juntas al mismo tiempo. Cataluña cuenta con tres grandes genios: Raimundo de Sebonde, autor de la ‹Teología natural›; Gaudí, el creador del gótico mediterráneo y Salvador Dalí, el inventor de la nueva mística paranoico-crítica y, como su propio nombre indica, salvador de la pintura moderna. La profunda crisis del misticismo de Dalí se debe esencialmente al avance de ciencias específicas de nuestra época, especialmente a la espiritualidad metafísica de la sustancialidad de la física cuántica y –a un nivel de visiones menos substanciales– a los sucesos vergonzosamente gelatinosos y a sus propios coeficientes de viscosidad monárquica de toda la morfología en general…»

Dalí describe el detonador de su misticismo: «La explosión de la bomba atómica el 6 de agosto de 1945 me había conmovido sísmicamente. Desde entonces el átomo constituye el objeto principal de mis reflexiones. También en los paisajes que pinté durante este tiempo se expresa el miedo que me sobrecogió al escuchar la noticia de la explosión de la bomba atómica. Me serví de mis métodos paranoico-críticos para profundizar en este mundo. Quiero reconocer y entender las fuerzas y las leyes escondidas de las cosas, naturalmente para poder dominarlas. Tengo la inspiración genial de que dispongo de un arma excepcional para avanzar hacia la esencia de la verdad: el misticismo, es decir, la intuición profunda que implica la comunicación directa con el todo, la visión absoluta a través de la gracia de la verdad, a través de la gracia de Dios. Más fuerte y veloz que ciclotrones y calculadoras cibernéticas, puedo penetrar en un solo instante en los secretos de lo real. ¡Para mí el éxtasis! exclamé. El éxtasis de Dios y del ser humano. ¡Para mí la perfección, la belleza que puedo ver en sus ojos! ¡Muerte al academicismo, a las fórmulas burocráticas del arte, a los plagios decorativos, a las aberraciones débiles del arte africano! ¡Para mí santa Teresa de Avila!… En este estado de intensa profecía, vi claro que la imagen como medio de expresión se había desarrollado en el Renacimiento, de una vez por todas con la máxima perfección y eficacia, y que la decadencia de la pintura moderna huye del escepticismo y de la falta de fe, las consecuencias del materialismo mecanicista. Mediante la vuelta al misticismo español yo, Dalí, demostraré con mi obra la unidad del universo probando la espiritualidad de toda substancia.»

Este culto al misticismo, que llega lógicamente a término de experiencias previas, lo lleva ahora Dalí a cabo literalmente; hasta el fin de su vida lo aplicará a su obra, en la cual se encuentran numerosas obras maestras – por mucho que algunos hayan dicho al respecto. El se clasifica como «ex-surrealista» y sigue siendo más surrealista que nunca; con *La tentación de San Antonio*, 1946 (pág.63) se introduce en su universo una dimensión intermedia entre el cielo y la tierra, que se materializa mediante los elefantes con «patas esqueléticas». Aluden al tema de la levitación que se desarrollará más adelante en su totalidad en sus cuadros «místico-corpusculares». La tentación se aparece a San Antonio en forma de caballo encabritado, que es un símbolo de poder, pero debido a su estructura formal, es también un símbolo del deseo; también en forma de varios elefantes que siguen al caballo. Uno de ellos porta sobre su espalda la bandeja del placer en la cual se encuentra una mujer desnuda como objeto del deseo, otro porta un obelisco, inspirado en el

Ayne Bru:
El martirio de San Cucufa, s. XVI

LAMINA PAGINA 78:
Dalí desnudo, en contemplación ante cinco cuerpos regulares metamorfoseados en corpúsculos, en los que aparece repentinamente la Leda de Leonardo cromosomatizada por el rostro de Gala, 1954
Dalí en actitud contemplativa, ante los misterios revelados del Universo, fija sobre este lienzo un instante de lo que él llama «el espacio suspendido», donde «los seres, los objetos aparecen como cuerpos extraños del espacio. Yo desmaterializaría plásticamente la materia y la espiritualizaría a continuación para lograr crear la energía». El perro, tomado de Bru, forma el vínculo con la historia.

escultor romano Bernini; otros elefantes llevan piezas arquitectónicas del estilo de Palladio y una torre fálica… A lo lejos aparecen entre las nubes algunos fragmentos del Escorial, que representa un símbolo del orden temporal y espiritual. Esta triple síntesis de pintura clásica, era atómica y espiritualidad acuñada ocupará la obra de Dalí de ahora en adelante.

«En una genial efervescencia de ideas, decidí entregarme a la solución pictórica de la teoría cuántica, e inventé el ‹realismo cuántico›, para convertirme en el señor de la gravitación. Empecé con el cuadro *Leda atómica*, 1949 (pág.68), una glorificación de Gala, la diosa de mi metafísica, y quien me permitió acceder al ‹espacio flotante›; a éste le siguió *Yo mismo a la edad de seis años, cuando creía ser una niña levantando con suma precaución la piel del mar para observar a un perro durmiendo a la sombra del agua*; en este cuadro aparecen los seres y los objetos como cuerpos extraños al espacio. Desmaterialicé la materia a través de medios pictóricos, y posteriormente la espiritualicé para poder obtener energía. El objeto es un ser vivo ya que abarca energía y la irradia; está vivo debido a la densidad de la materia de la que se compone. Cada uno de mis ‹motivos› es a la vez un mineral que toma parte del pulso del mundo y un trozo vivo de uranio… Yo afirmo que el cielo se encuentra dentro del pecho de los hombres de fe, porque mi mística no es sola-

Naturaleza muerta viviente, 1956

mente religiosa, sino nuclear y alucinógena; en el oro, en la pintura de los relojes blandos y en mis visiones de *La estación de Perpiñán,* 1965 (pág. 88), descubro la misma verdad. Creo también en la magia y en mi destino.» Los primeros cuadros de esta nueva serie son las dos versiones de La *Madona de Port Lligat,* 1950 (pág. 71); la versión más pequeña se la presentó al Papa Pio XII el 23 de noviembre de 1949. El cuadro más conocido de esta serie es sin duda *El Cristo de San Juan de la Cruz*, 1951 (pág. 74), cuya forma domina sobre la bahía de Port Lligat. La figura de Cristo en esta composición proviene de un dibujo que San Juan de la Cruz pintó en éxtasis y que se encuentra en el convento de la Encarnación, en Avila. Las figuras que aparecen junto al

Corpus hypercubus (Crucifixión), 1954
El delirio comestible catalán desemboca, lógicamente, en el misticismo daliniano. Aquí se trata de dos soluciones plásticas de una misma profesión de misticismo. Al mismo tiempo es la síntesis que resume las experiencias anteriores de Dalí. *Corpus hypercubus* es su versión del cubismo absoluto: cuando «el cuerpo de Cristo se convierte metafísicamente en el noveno cubo, siguiendo los preceptos del discurso sobre la forma cúbica de Juan de Herrera, constructor del Escorial, inspirado por Raimundus Lullus.»

El concilio ecuménico, 1960
Homenajes a Velázquez –de quien toma, en especial, las gloriosas alabardas de los guerreros españoles de *La rendición de Breda*–; los dos lienzos son también un guiño a los pintores triviales desde Meissonier hasta el español Mariano Fortuny a los que Dalí encontró siempre «mil veces más interesantes que los representantes de todos los ‹ismos› envejecientes del arte moderno» y con los que comparte aquí el gusto por los lienzos históricos.

LAMINA PAGINA 82:
El descubrimiento de América por Cristóbal Colón (El sueño de Cristóbal Colón), 1958–59

barco provienen de una pintura de Le Nain y de un esbozo de Velázquez para su cuadro *La rendición de Breda*, hacia 1635 (pág.75).

Dalí declara al respecto: «Primero tuve en el año 1950 un ‹sueño cósmico›, en el que vi este cuadro en colores, que en mi sueño representaba el ‹núcleo atómico›. A este núcleo se le añadió más adelante un significado metafísico, al pasar a considerarlo como ‹la unidad del universo›, ¡Cristo! Por otra parte, gracias al padre carmelo Bruno, vi la figura de Cristo, tal como la había dibujado San Juan de la Cruz; a partir de esto construí geométricamente un triángulo y un círculo, que resumían ‹estéticamente› todas mis experiencias anteriores, y dibujé mi figura de Cristo en el interior de este triángulo.»

Todo ello no evitó que Dalí se mostrara de cuando en cuando más profano. Profundiza en su misticismo a través del delirio erótico: «El erotismo es un modo regio del alma divina.» Ahora salda una deuda secreta con su hermana y la pinta como *Joven virgen autosodomizada*, 1954 (pág. 77). «La pintura penetra, como el amor» –afirma– «a través de los ojos y se desliza por los pelos del pincel de nuevo hacia afuera. Mi delirio erótico me induce a extremar mis tendencias sodomizantes hasta el paroxismo.»

La pesca del atún, hacia 1966–67
Este lienzo-testamento es el resultado de cuarenta años de experiencia apasionada y síntesis de todas las tendencias: surrealismo, «trivialidad quintaesenciada», puntillismo, «action-painting», tachismo, abstracción geométrica, Pop Art, Op Art y arte psicodélico. El subtítulo: «Homenaje a Meissonier» se refiere a Teilhard de Chardin según el cual el universo y el cosmos son limitados, lo que nos «libra de una angustia terrible proveniente de Pascal que consideraba insignificantes a los seres respecto al cosmos y nos conduce de nuevo a la idea de que todo el cosmos y todo el universo convergen en un punto que, en el caso presente, es *La pesca del atún*.»

LAMINA PAGINA 85:
El torero alucinógeno, hacia 1968–70
Ejemplo de una imagen doble: es la repetición de la Venus de Milo, con sus sombras que dibujan los rasgos de un torero cuyo traje de luces está constituido por la multiplicación de los corpúsculos multicolores y las moscas que, a su vez, dibujan un toro herido.

En su período «escatológico», Dalí había pintado un retrato de su hermana de espaldas, en el que ponía totalmente de relieve el trasero de la joven (*Muchacha en la ventana*, 1925, pág. 12). Con el fin de escandalizar a los surrealistas, le puso el siguiente subtítulo, para que a nadie le pasara inadvertido: «La imagen de mi hermana, el ano rojo de mierda sangrante.» Veinte años después intentó mejorar el recuerdo de su hermana y transformó totalmente a Ana María Dalí, que era en realidad una joven baja y bastante corpulenta, inspirándose en una foto de una revista pornográfica. Semejante continuidad ilustra una vez más el proceso mental de Dalí: en el punto de partida de un recuerdo que ha dejado huellas todavía frescas en su memoria, se pone en funcionamiento un mecanismo en el cual se mezcla inteligencia analítica con la violencia de fantasías eróticas. En este nuevo cuadro de 1954 se experimenta una verdadera fiesta lírica, en la cual la consistencia del embellecido trasero de Ana María pone de manifiesto un parentesco imaginario con el cuerno del rinoceronte, el cual ya ha servido para desflorar a *La encajera*, hacia 1664–65 (pág. 76) de Vermeer, durante un «happening»; al mismo tiempo le proporciona a Salvador Dalí la ilusión de una erección fantástica, gracias a la cual puede finalmente penetrar en el «ano rojo de mierda sangrante» de su hermana. ¡La venganza es un plato catalán que se come frío! La utilización del cuer-

A LA IZQUIERDA:
La mano de Dalí retira un Vellocino de Oro en forma de nube para mostrar a Gala la aurora completamente desnuda muy muy lejos detrás del sol (panel de la derecha), 1977
«Hiperrealismo metafísico» o imagen en relieve. Para este homenaje a Claude Lorrain, Dalí pintó dos lienzos complementarios con los métodos de la estereoscopia clásica, es decir, una imagen para cada ojo.

A LA DERECHA:
Gala mirando el mar Mediterráneo que a veinte mertros se transforma en el retrato de Abraham Lincoln – Homenaje a Rothko (segunda versión), 1976
Más allá de la espalda desnuda de Gala, aparece el rostro de Lincoln. Para realizar esta imagen doble, Dalí partió de una interpretación digital del rostro de Lincoln, obtenido por el cibernético americano Leon D. Harmon.

no del rinoceronte posibilita a Dalí además aferrarse a su necesidad de castidad, que es para él «una necesidad esencial de la vida espiritual».

En las últimas obras de Dalí predomina lo gigantesco, como en *El descubrimiento de América por Cristóbal Colón*, 1958–59 (pág. 82), *La pesca del atún*, hacia 1966–67 (pág. 84) o *El torero alucinógeno*, hacia 1968–70 (pág. 85). Estos cuadros, que están llenos de imágenes dionisíacas, son una especie de legado, el resultado de la experiencia apasionada de cuarenta años de búsqueda de medios de expresión pictóricos. El artista unifica aquí todos sus diferentes estilos, el surrealismo, la «trivialidad quintaesenciada», el puntillismo, el «Action-painting», el tachismo, la abstracción geométrica, el Pop Art, el Op Art y el arte psicodélico. Con obras como *Dalí de espaldas pintando a Gala de espaldas, eternizada por seis córneas virtuales provisionalmente reflejadas por seis verdaderos espejos*, hacia 1972–73 (pág. 89) o *La mano de Dalí retira un Vellocino de Oro en forma de nube para mostrar a Gala la aurora completamente desnuda muy muy lejos detrás del sol*, 1977 (pág. 86) o *Dalí levantando la piel del mar Mediterráneo para mostrar*

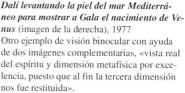

Dalí levantando la piel del mar Mediterrá-
neo para mostrar a Gala el nacimiento de Ve-
nus (imagen de la derecha), 1977
Otro ejemplo de visión binocular con ayuda
de dos imágenes complementarias, «vista real
del espíritu y dimensión metafísica por excelencia, puesto que al fin la tercera dimensión
nos fue restituida».

a Gala el nacimiento de Venus, 1977 (pág. 87) se sirve de la estereoscopia
para pintar sus últimos poemas visuales y para rendir un último homenaje a
su «doble» terrestre, creando de paso el «hiperrealismo metafísico»: «La visión binocular es la Trinidad de la percepción física transcendente. El Padre
es el ojo derecho, el Hijo el ojo izquierdo y el Espíritu Santo el cerebro, el
milagro de la lengua de fuego, la virtual imagen luminosa que se ha vuelto
incorruptible por el espíritu, el Espíritu Santo» (Diez recetas de inmortali-
dad; Dix recettes d'immortalité, 1973).

«El payaso no soy yo», se defiende Dalí «sino esta sociedad monstruosa-
mente cínica y tan puerilmente inconsciente, que juega al juego de la serie-
dad para disimular su locura. No lo repetiré bastante: yo no estoy loco. Mi
lucidez ha alcanzado un nivel de calidad y de concentración que no existe en
este siglo ninguna otra personalidad más heroica y más prodigiosa; excluyen-
do a Nietzsche (y repito, murió presa de la locura) no se encuentra un equivalente en los otros. Mi pintura es testimonio de ello.»

La estación de Perpiñán, 1965
Para Dalí, la estación de Perpiñán es el ombligo del universo. «Siempre es en la estación de
Perpiñán… que se me ocurren las ideas más geniales de mi vida. Ya unos kilómetros antes, en
Boulou, mi cerebro comienza a ponerse en movimiento, pero al llegar a la estación de Perpiñán
ocurre una verdadera eyaculación mental que alcanza su máxima y más sublime altura especulativa.»

Dalí de espaldas pintando a Gala de espaldas, eternizada por seis
córneas virtuales provisionalmente reflejadas por seis verdaderos espejos, hacia 1972–73
Otra obra estereoscópica realizada por medio del sistema Fresnel de redes, que se aplica a las tarjetas
postales con relieve. Gracias a la adaptación del estereoscopio con espejos de Wheatstone de
Roger de Montebello, Dalí pudo pintar lienzos de gandes dimensiones. «La estereoscopia in-
mortaliza y legitima la geometría, pues gracias a ésta se produce la tercera dimensión de la esfera.
Con el universo que ella es capaz de contener y limitar de una manera augusta, inmortal,
incorruptible y real…»

Salvador Dalí fotografiado en 1971 ante la estatua de Ernest Meissonier por Antonin Mercié (1895)

Biografía de Salvador Dalí (1904–1989)

1904   11 de mayo, nacimiento de Salvador Dalí en Figueras. Desde muy joven muestra dotes excepcionales para el dibujo.

1918   Sus primeros cuadros, expuestos en el teatro municipal de Figueras, son apreciados por la crítica.

1919   En revistas locales publica varios artículos sobre los grandes maestros de la pintura y los poemas «Quand les bruits s'endorment».

1921   Muere la madre de Dalí (en febrero). En octubre, Salvador ingresa a la Escuela de Bellas Artes de San Fernando (Madrid). Habita en la residencia universitaria donde traba amistad con García Lorca y Buñuel.

1923   Dalí pone en duda la capacidad de sus profesores, causando así grandes disturbios en la universidad; por esta razón es suspendido por un año de San Fernando. El mismo año es encarcelado 35 días en Gerona por razones políticas.

1925   Vacaciones en Cadaqués con García Lorca. En noviembre, primera exposición personal en la galería Dalmau de Barcelona.

1926   Primer viaje a París. Conoce a Picasso en abril. En octubre, es expulsado de manera definitiva de la Escuela de Bellas Artes.

1927   Servicio militar (de febrero a octubre). Aparición de «Saint Sébastien». Desarrolla la Estética de la objetividad.

1928   Con Luis Montañyá y Sebastià Gasch escribe el «Manifiesto amarillo».

1929   Buñuel y Dalí realizan la película «Un perro andaluz», que marcará su ingreso oficial en el grupo surrealista parisino. En primavera, Dalí va a París para el rodaje de esta película y, guiado por Miró, conoce a Tzara, a los surrealistas, a Paul Eluard y a Gala, su mujer, que provocará la ruptura con su padre.

1930   Presentación del método paranoico-crítico. «El asno podrido» aparece en «Le surréalisme au service de la révolution» y «La femme visible» en Editions Surréalistes. Dalí compra una casa de pescadores en Port Lligat, cerca de Cadaqués, donde cada año pasará largos períodos con Gala. Ligas de extrema derecha destruyen el cine después de la proyección de «La edad de oro» (Buñuel y Dalí).

1931   Aparición de «L'amour et la mémoire» en Editions Surréalistes.

1932   Participa en la primera exposición surrealista en los Estados Unidos. Escribe el guión para «Babaouo», una película que, como todos sus proyectos ulteriores, no será

rodada. Creación del «Zodiaque», grupo de coleccionistas que compran regularmente sus obras.

1933   Publica en «Le Minotaure»: «De la belleza aterradora y comestible de la arquitectura ‹modern style›», reactivando así el interés por la estética de 1900.

1934   Primeras divergencias con los surrealistas y André Breton después de la presentación de *El enigma de Guillermo Tell* en el Salon d'Automne. Su exposición en Nueva York obtiene un éxito triunfal.

1936   Guerra Civil española. En una conferencia posterior a la exposición surrealista en Londres, Dalí casi se asfixia con la escafandra que se puso. En diciembre hace la cubierta de la revista «Time».

1937   Dalí escribe un guión para los Hermanos Marx y conoce a Harpo en Hollywood. En julio, pinta y escribe paralelamente *Metamorfosis de Narciso*: aplicación integral del método paranoico-crítico. Creación de modelos para Schiaparelli. Breton lo hace juzgar por sus declaraciones intempestivas respecto a Hitler.

1938   Dalí participa en la Exposición Internacional del Surrealismo (enero). Conoce a Freud (julio) del que dibuja varios retratos.

Dalí en el parque Güell, Barcelona, 1908

El padre de Dalí, hacia 1904

Dalí y García Lorca, en Figueras, 1927

Gala, hacia 1930

Primera página de la revista «Time»,
14 de diciembre de 1936

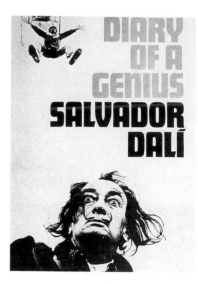

Cubierta de la edición inglesa de «Diario de
un genio», 1964

1939 Se rompen de manera definitiva las relaciones con el grupo surrealista y André Breton, quien nombra Avida Dollars a Dalí (anagrama de su nombre). En los Estados Unidos Dalí publica «Declaración de la independencia de la imaginación y de los derechos del hombre a su propia locura». En noviembre, es presentada «Bacchanale» –libreto y decoración de Dalí, coreografía de Massine– en la Metropolitan Opera de Nueva York.

1940 Después de una breve estancia en París, Dalí y Gala regresan a Nueva York donde se exilian hasta 1948.

1941 Exposición Dalí-Miró en el Museum of Modern Art, Nueva York.

1942 Publicación en los Estados Unidos de «La vida secreta de Salvador Dalí».

1946 Proyecto de dibujos animados con Walt Disney para el que elabora varias maquetas. Decoración para «La casa del doctor Edwards» de Alfred Hitchcock.

1948 Publicación en los Estados Unidos de «50 secretos mágicos».

1949 Dalí y Gala retornan a Europa. Decoración para Peter Brook y Luchino Visconti. Pinta la serie de «Madonas de Port Lligat».

1951 «Manifiesto místico» e inicio del período corpuscular.

1952 Exposiciones en Roma y Venecia. Es la época de su mística nuclear.

1953 Conferencia triunfal en la Sorbona sobre «Los aspectos fenomenológicos del método paranoico-crítico», en diciembre.

1954 Inicio del rodaje de la película «La historia prodigiosa de la encajera y el rinoceronte» realizada por Robert Descharnes.

El grupo surrealista en París, hacia 1930. De izquierda a derecha: Tristan Tzara, Paul Eluard, André Breton, Hans Arp, Salvador Dalí, Yves Tanguy, Max Ernst, René Crevel, Man Ray

1956 Exposición en la National Gallery (Washington).

1958 Presentación de un pan de 15 metros de largo en un evento en el teatro de l'Etoile de París (12 de mayo).

1959 Presentación en París de su invento «l'Ovocipède».

1960 Grandes cuadros místicos.

1961 «Ballet de Gala» en Venecia, decoración y libreto de Dalí, coreografía de Maurice Béjart. Conferencia en la Escuela Politécnica sobre el mito de Cástor y Pólux.

1962 Aparición de «Dalí de Gala», realizado por Robert Descharnes.

1963 Aparición del «Mito trágico del ‹Angelus› de Millet». Dalí comienza a afirmar el